「カナリヤ」には国民という「飼い主」がいます。「飼い主」が経済学という「歌」をいつも口ずさんでいれば、ペットの「カナリヤ」だってすぐに「飼い主」の真似をして、忘れた歌を思い出すに違いありません。

浜田先生は私に教えることを通して、広くあまねく多くの人々に経済学の知見を伝えようとしました。若田部先生も、昭和恐慌が国民に与えた苦しみを繰り返さないようにするにはどうしたらよいかを真剣に説いています。

本書を手にとった方は、是非最後まで読みとおしていただき、得られた知見を1人でも多くの方に伝えてください。日本経済を長期停滞から救うのは、私たち国民1人ひとりの意思なのです。

2010年6月

浜田宏一先生特別講義　生徒代表　勝間　和代

白川方明・日本銀行総裁への公開書簡

日本銀行総裁
白川　方明　閣下

米コネティカット州ニューヘイブン・イェール大学経済学部
浜田　宏一

拝啓
　金融界の頂上に立つ白川総裁にこのような率直なお手紙を書くのは、礼に反することではないかと恐れます。
　しかし、総裁の政策決定の与える日本経済への影響の大きさ、しかも、それによって国民がこうむる失業等の苦しみなどを考えると、いま申し上げておくことが経済学者としての責務と考えましたので、あえて筆をとった次第です。

貴兄に初めてお会いしたのは、1970年初、貴兄が東京大学経済学部の学生の頃でした。私は貴兄の聡明ぶり、分析力の鋭さに感銘を受けました。館龍一郎先生と私の共著の教科書には、校正、コメント等ご助力いただき、ありがとうございました（本書147ページ参照）。

大学院に進んで学者になってはと勧めた学生は、私の東京大学勤務の間ほんの一握りに限られましたが、貴兄はその1人でした。日本銀行に入行されてから貴兄はシカゴ大学に留学されましたが、1985年厳冬に私がシカゴ大学に1学期（クォーター）だけ客員教授として訪れたとき、大学院生としての貴兄の秀才振りには伝説さえあるようでした。シカゴ大学でジェーコブ・フレンケル教授（後にイスラエル銀行総裁）が、「シラカワはよくできた。学問を続けてほしかった」と残念そうに言っていたのが印象的でした。貴兄は職業選択にも先見の明があり、中央銀行員としての成果も上げられて、総裁に就任されたこと、心からお慶び申し上げます。

次にお会いしたのは、2001年、私が内閣府経済社会総合研究所所長の立場で、経済財政諮問会議に陪席していたときのことです。速水優・日本銀行総裁（当時）の補佐役として出席していたのが当時、日本銀行審議役であった貴兄でした。陪席者としては例外的に与えられた諮問会議での発言の機会に、私は当時の速水総裁の政策にチャレンジを試みました。

私は、いくら何でも貴兄が速水総裁の無謀（いまでもそう思います）と言うべきゼロ金利解除等の政策に、本音で賛成しているとは思いませんでした。そこで、2人で議論すれば相互理解が深まると思い、個人的にお会いしました。しかし、そのときすでに貴兄は、（世界では孤高の）「日銀流理論」を信奉するようになっていたらしく、議論はかみ合わないどころか、真っ向から対立しました。私の当時の秘書は、所長室を出て行く貴兄の顔面が蒼白であったことに驚いたと言っています。

私はいままで、貴兄の個人的な聡明さ、誠実さ、謙虚さなどをいっさい疑ったことがありません。しかし、いま重要なのは、いかに論理的に明晰な貴兄が誠実に信じて実行されている政策でも、それが国民生活のためになっていないのではないかということです。

さて、そのように意見が分かれた後でも、貴兄は、私に日本の金融の現状を説明するため、日本銀行の優れたスタッフとの昼食研究会を（後で問題がないよう割り勘で）開いてくださり、そこで私は日本銀行の政策の背景についていろいろ学びました。その紳士的態度には、いまでも感謝しております。

最後に貴兄とお会いしたのは2009年6月、その前月に亡くなられた速水総裁の「お別れの会」が経団連会館で催されたときです。ちょうど帰国中だったので、速水総裁のご霊前にお参りすることができ、「お別れの会」実行委員代表である貴兄ともごく短時間お会いしました。貴兄は「よく来てくださった」とおっしゃったと思いますが、場所がら、政策問題はいっさい話題にのぼりませんでした。

もちろん速水総裁の政策観、政策運営については、私も諮問会議の場や、メディア等で強く批判を述べさせていただきました。しかし内閣府勤務の2年の間、私にとって清涼剤と感じられたのは、個人としてお会いするとき、批判者である私に対して、速水総裁はいつもじつに丁重、誠意にあふれた態度をおとりくださったことです。元ＩＭＦ専務理事・イスラエル中央銀行総裁のスタンレー・フィッシャーも、同じ理由から「議論内容が何であれ、折り目正しい速水総裁と話すのは楽しい」とうれしそうに話していました。

研究所長の任期を終えて帰米に際して、日本銀行へ挨拶にうかがったときも、（貴兄は海外出張中でしたが）硬い表情に見えた役員もいたなかで、速水総裁だけは本当に親身になって話していただきました。決して、論敵がいなくなってうれしいという表情ではありませんでした。

そのときに湧いた疑問は、「なぜ、このようなすばらしいお人柄と、『ゼロ金利解除』を強引に行うような円高志向の政策観が共存できるのか」ということでした。いま起こっている疑問は、「貴兄のように明晰きわまりない頭脳が、どうして『日銀流理論』と呼ばれる理論に帰依してしまったのだろう」ということです。

1　私の意見は以下各章で述べています。本書のように日本の金融政策の責任者の頂上にある貴兄の批判をするのは、普段なら恐れ多いことで慎むべきことかもしれません。尊敬する日米の経済学者のなかにも、それはまず、日本銀行総裁に直接意見を申し上げて、その上で公に批判しなさいと忠告してくださった方もいます。

それに従わなかった理由は次のとおりです。いわゆる「日銀流理論」と、世界に通用する本書に書いたような一般的な金融論、マクロ経済政策の理論との間には、依然として大きな溝があります。講演等では、貴兄は前者を繰り返しておられ、議論の相互理解が得られる可能性は少ないと思ったからです。

2 リーマン・ショック以降、世界は大幅な資産市場の破綻に襲われ、各国中央銀行、そして政府はなりふり構わない非伝統的な景気対策をとらざるをえませんでした。その結果、イギリスはポンドの価値を大幅に下げてようやく景気回復宣言にこぎつけましたが、アメリカ、ヨーロッパ（ＥＵ）、そして日本は、なかなか本格的な回復ができずにあえいでいます。とくに日本は、リーマン・ショック発祥の地ではないにもかかわらず、１９９０年代以来のデフレから脱却できないだけでなく、発祥の地をはるかに凌駕する生産の落ち込みを経験しました（本書33〜40ページ参照）。

私たちは、最近、高校・大学の新規卒業者の就職率が大きく落ち込んでいることは非常に深刻な問題だと思っています。経済問題は、庶民の生活の原点から考えていかなければなりません。若者の就職先がないことは、雇用の不足により単に現在の日本の生産力が失われるだけではありません。希望に満ちて就職市場に入ってきた若者の意欲をそぎ、学習による人的能力の蓄積、発展を阻害します。日本経済の活力がますます失われてゆきます。

以下述べるように、日本銀行は、金融政策というこれらの課題に十分立ち向かうことのできる政策手段を持っているのです。日本銀行はそれを認めようとせず、使える薬を国民に与えないで、日本銀行が国民と産業界を苦しめていることを自覚していただきたいと思います。これが本書の最大のメッセージです。これらのことが必ずしも、政治家、政策担当者、そして国民によく理解されているとは限りませんので、3人の討論によってみなさんに納得していただこうというのが本書の目標です。

3　本書は世界に通用するマクロ経済学、金融論、国際金融論の基本に基づいており、とくに独自なものではありません。骨格だけ述べると次のようになります。

（1）市場には、貨幣、債券、株式、土地、外貨等の資産（ストック）の市場と、生産、消費、投資、輸出入、リース、雇用等のフローの市場とがある。どちらの市場も重要であるが、私たちの生活はフローの市場と直結している。ストックの価格は急速に変動、つまり乱高下するが、フローの価格はゆるやかに変動する。

（2）資産の相対価格は、資産それぞれの予想収益率と、資産の存在量で決まる。予想収益率が高いほど、存在量が少ないほど、その資産の価格は上昇する傾向がある。

(3) 日本銀行は2008年のリーマン・ショック以降、各国が金融緩和に大わらわだったときに、金融政策をほとんど変化させなかった。そこで外国為替市場では、ストックの市場で決まる(名目の)円レートが高くなる一方で、フローの市場で決まる物価は緩やかに動くので、名目為替レート・実質為替レートとも、日本円の独歩高になった。その結果、日本のデフレはいっそう深刻化した。自動車のような輸出産業はもとより、繊維など輸入競争産業でも、日本製品は価格競争力を失った。その結果として失業があり、新規卒業者の就職難がある。

4

したがって、いまなすべき政策対応は、以下のとおりです。

(1) 短期国債の買い上げにとどまらない、(満期間近ではない)長期国債、そして場合によっては社債、株式などを実質的に買い上げる「広義の」オペレーションを行うこと。2010年3月の政策決定会合では「新型オペの規模拡大」を決定したが、ゼロ金利の下ではほぼ効かないとわかっている短期金融市場にはたらきかけるオペを拡大しても、その効果は限られている。

(2) 外貨市場で財務省がドル資産を買う介入をしても、おそらく、よりはっきりと目標を達成できる。その際、日本銀行は財務省の介入の国内効果を相殺しない(議論はあるが「不胎化しない」)ような政策をとる必要がある。問題は、諸外国、とくにアメリカが難色を示す可能性があることである。

日本経済が苦境から脱するためには、溝口善兵衛・元財務官が主導した大介入に匹敵するような大介入と、その介入を実効性あるものとする日本銀行の量的緩和政策が必要かもしれない。そのためには、鉱工業生産指数の落ち込みで見れば、世界で最もリーマン・ショックの被害を受けたのは日本であり、そこから脱するためには為替介入が本当に必要であると外国を説得しなければならない。じつは、そのために財務省があり、外務省があるのである。日本が介入の可能性を辞さないことを匂わすだけで、円高はある程度やわらぎうる。日本銀行は為替介入は財務省の管轄であると言い、財務省は諸外国の反対があるので日本銀行の金融政策で為替レートを動かしてほしいと言うのでは、政策不在のお見合い状態の被害を受けるのは国民だけとなる。

（3）　日本銀行が「広義の」買いオペを大規模に行えば、おそらく、より小さい諸外国の抵抗の下で、同じ目標を達成できる。その意味では介入より「広義の」買いオペのほうが、政治経済学的意味で実際的であると言えよう。

5　貴兄が、内外の講演や国会証言などでおっしゃっていることに対する感想は、各章でも述べておりますが、2点だけ簡単に申し上げておきます。

第1に貴兄が、内外情勢調査会における講演「最近の金融経済情勢と金融政策運営」（201

0年1月29日）において、リーマン・ショックへの対応をめぐって「日銀に比べて米国ＦＲＢのバランスシートの増加率が大きいことを理由に、日銀は積極姿勢が足りないという批判」を「まったくの誤解」と表現されていることです。

外国を震源地として生じたショックに対し、私の考えでは、諸外国は積極的な金融緩和によって景気が回復しつつあるのに、どうして震源地ではない日本が諸先進国中、最も大きな鉱工業生産指数の落ち込みを経験したのでしょうか。本書で申し上げる処方、つまり「広義の」買いオペや、実質為替レートにはたらきかける政策は、強く効くはずです。日本経済に強く効く薬を持っているのに、弱い薬だけ試してみて、この種の薬は効かない、効かないと言っているかのようです。

第2に、貴兄は同講演において、「デフレの根本原因は需要不足」とお認めになりながら、「金融システム不安の状況を脱した後は、流動性の増加だけでデフレが解消されるわけではありません」とおっしゃっています。この認識が誤りであることは、２０１０年2月16日の衆議院予算委員会における、貴兄と山本幸三議員とのやり取りからも明らかです。

山本議員は「ある分野で超過供給があったら、他の分野では超過需要が起こっている」というワルラス法則に基づいて、「財の世界で35兆円の需給ギャップ、つまり供給超過がある。そうするとおカネの世界ではその分だけの超過需要がある」と指摘されました。みなが貨幣にしがみついているときには、モノに対する需要が不足するということです。

貴兄は、「ワルラス法則は基本的には経済が完全雇用の世界での話ですから……不完全雇用、つまり大きな需給ギャップが問題になっている下でワルラス法則を当てはめてというのはどうかなという感じ」と述べています。

しかし、これはまったくの誤りです。ワルラス法則は経済主体の予算制約式を合計したもので、均衡下でも不均衡下でも恒等式として成り立つのです。山本議員の発言の趣旨は、貨幣経済のワルラス法則は不均衡下でも成り立つので、モノが余っているときは、国民はより多くの貨幣を持ちたがっているときだ、ということです。そして、みんなが貨幣にしがみつかなくなるように、適切な貨幣供給を行えば、デフレからの脱却は可能です。

30年以上前のことですが、貴兄は、シカゴ大学から国際収支のマネタリー・アプローチを持ち帰り、六甲コンファレンス等の学会で紹介されました。貴兄の論文「マネタリー・アプローチによる国際収支・為替レートの実証分析――わが国のケースを中心に」（『金融研究資料』第3号、1979年8月）は、「『国際収支不均衡や為替レート変動はすぐれて貨幣的現象である』というマネタリー・アプローチの基本命題を実証的に明らかに」しています。そして「各国通貨当局の政策スタンスは、国際収支、為替レート変動にきわめて大きな影響を及ぼす」と述べておられます。それは同時に、各国通貨当局の政策スタンスは、各国の物価水準にも大きな影響を及ぼすということです。しかも、このマネタリー・アプローチの背景には、（不均衡下でも成立する）貨幣経済のワルラス法則があることは当然、理解されていたはずです。

一国の金融政策の責任者には大事な仕事がいっぱいあるので、「ワルラス法則」といった学術用語を正しく覚えている必要はありません。しかしながら、政策責任者として何がデフレに効く薬なのかは、きちんと把握していてほしいのです。このように、金融政策だけでも（場合によっては、ほかの手段も使ったほうがよいかもしれませんが）デフレから脱却できるのです。この点に関する不正確な理解は、現在と将来の国民の雇用に悪影響を与え、福祉を損ねるのです。

6 本書に関して、「勝間さんは金融論の専門家ではない。浜田は勝間さんの人気を頼って専門的な問題で自分の意見を通そうとしている」という批判があるかもしれません。

日本銀行は、やろうと思えば、みずからの意見を通すためのいろいろな手段を持っています。日本銀行の行内研修の講師の依頼、日本銀行金融研究所が主催する国際コンファレンスへの招待、政策委員会審議委員の指名などは、そういった手段になりうるでしょう。日本銀行のスタッフは一般に高潔と思いますので、日本銀行の意に反するような意見を述べると不利な取扱いを受けるのではないかというのは、憶測にすぎないかもしれませんが、そういう憶測を持たせるようなインセンティブ・システムになっています。

私は、本書で述べたような、世界の経済学のごく普通の常識を述べても、マスコミはもとより、若い経済学者、とくに日本の経済学界を背負って立つような優秀な学者で、日本銀行政策委員会審議委員の候補になりそうな人たちからは、冷たい反応しか得ることはできませんでした。

そこに、勝間和代さんから、「デフレは人々の生活を苦しめている。それを解決する早道は金融緩和だ」という意見が聞こえてきました。まるで「あっ、王様（日本銀行）は裸だ」という声のようでした。（公認会計士でありＭＢＡである勝間さんを素人といっては失礼ですが）比較的素人のほうが、既得権益や先入観に曇らない鑑識眼を持っているのでしょうか。とくに、主婦の暮らしや若者の失業という生活の原点から経済を見る発想に共感しました。

いま、デフレ脱却に走らなければならないとき、いろいろな理屈をつけてそれを躊躇する日本銀行、またその事態を十分に理解できない政治家、日本銀行に異を唱えようとしないメディアや経済学者……そんななかで、勝間さんの声は一服の清涼剤でした。知識は持っていてもうまく活用できない専門家と、詳しい学説は知らなくても正しい経済論理の使い方を直観的にわかる人と、日本に求められているのはどちらでしょうか。

私事ですが、２００９年秋に2カ月ほど病気療養して復帰すると、入院前まではデフレが悪いとも言わなかった言論界が、菅直人・副総理兼経済財政政策担当大臣（当時）にまで直訴した勝間さんや、歴史を通じてデフレの害を説く若田部昌澄さん、そのほかのみなさんの努力によって、そして、民主党内の実力者の考えが変わり始めたことによって、だいぶ様変わりしていました。

「デフレは悪である。そして適切な金融政策によってデフレから脱却できる」と説き続けてきた岩田規久男・学習院大学教授、そして故・岡田靖・内閣府経済社会総合研究所主任研究官たちの意見、つまり世界の通説が、初めて日本での少数派から脱し始めているようです。

病気療養からの復帰後、私は、日本社会に対して何を最も言いたいのかを、精選して述べることを決心しました。本書は、その第一歩です。

7　言ってみれば、いまの日本銀行は、金融システム安定化や信用秩序維持だけを心配して、その本来の重要な任務であるマクロ経済政策という「歌」を忘れたカナリヤのようなものです。西條八十の詞では、「歌を忘れたカナリヤは　背戸《せど》の小藪《こやぶ》に埋《い》けましょか」と問いかけるのですが、「いえいえそれはなりません」と続きます。

日本銀行がなくなっては、誰も貨幣を供給することはできません。日本銀行を「小藪に埋け」ることは「それはなりません」。日本銀行には、「忘れた歌を思い出」してもらわなければなりません。

西條八十の詞は、「象牙の舟に銀の櫂　月夜の海に浮かべれば　忘れた歌を思い出す」と結びます。本書では、「象牙の舟」や「銀の櫂」、「月夜の海」の役割を果たすことはできないかもしれませんが。

ご多忙中の日本銀行総裁に対して長文のお手紙で、またプロトコル上失礼なことを申し上げた感もありますが、そうだとしたら心からお詫び申し上げます。

日本銀行には、個人的には私に好意を持ってくださる友人が多いので、このようなお手紙を書く事態になったのは不本意です。しかし、不適切な金融政策で苦しみを味わっている国民のこと、産業界のことを考え、あえてお手紙する決心を致しました。

白川君、忘れた「歌」を思い出してください。お願いです。

敬具

2010年6月

目次

装幀：石間　淳
本文・カバー写真：タツ・オザワ
衣装協力（勝間）：Cassolo／（株）二葉
スタイリスト（勝間）：青柳由嘉（A2）
ヘア&メイク（勝間）：藤井康弘（A2）
本文DTP：寺田祐司
編集協力：西村信夫

浜田宏一（はまだ・こういち）

イェール大学名誉教授、内閣官房参与。国際金融論の分野で世界的な業績がある。内閣府経済社会総合研究所所長、理論・計量経済学会（現・日本経済学会）会長、法と経済学会会長など、政府や学界の要職を歴任。

「勝間さんのデフレ脱却に向けた積極的な活動が、めざましい成果を上げて、国民の世論や政治家たちを動かしつつあることは、アメリカに住んでいる私の耳にも届いています。なぜ勝間さんがこのような活動を始めたのか、とても興味があります」

勝間和代（かつま・かずよ）

経済評論家、中央大学ビジネススクール客員教授、内閣府男女共同参画会議議員。経済の立て直し、少子化問題、若者の雇用問題、ワークライフバランス、IT を活用した個人の生産性向上など、幅広い分野で発言をしている。

「伝説の教授・浜田宏一先生にお会いするのを、とても楽しみにしていました。今回の特別講義では、デフレのことや日本経済のこと、そして、いま本当に必要な経済学は何か、基礎からしっかりと教えていただきたいと思います」

若田部昌澄（わかたべ・まさずみ）

早稲田大学政治経済学術院教授。専門は経済学説史。経済学と歴史の知見を踏まえて、現代日本の経済問題についても積極的に発言している。学生たちの教育にも熱心で、早稲田大学では長年にわたり１年生向けの「経済学入門」の講義を担当していた。

「浜田宏一先生とは何年か前から親しくさせていただいていますが、世界を舞台につねに経済学の最先端で活躍してこられた先生のお話を、改めてじっくりとお聞きできるのは、経済学説史研究者としてまたとないチャンスです」

第1章
デフレって何だろう

勝間▼日本では、長年にわたって**デフレ**が問題とされてきました。デフレについて、私たちは「物価が継続して下がること」という非常にあいまいな概念しか持っていません。そこで確認の意味を込めて、経済学上の**デフレの定義**について正確に教えていただきたいと思います。

若田部▼経済学的には**「一般物価水準の継続的下落」**という言い方をします。さらに詳しくは、「一般物価水準」とは何か、「継続的」とは何かということです。「継続的」とはたいていの場合、「ある程度の期間」と言われています。たとえばＩＭＦ（国際通貨基金）の定義では2年とされていますが、すべての経済学者や政策当局が合意する確とした定義というわけではなくて、あくまで**暫定的な定義**です。

勝間▼たとえば月次ベース、あるいは年次ベースで見た場合に、物価水準の対前年同月比が1回でもプラスになったらデフレとは言わないのでしょうか。ずっとマイナスのままでなければいけないのでしょうか。

若田部▼そこが継続的ということを見る上でのポイントです。先述のように「2年」という期間も暫定的なもので、全体としての傾向が下がっているか、下がっていないかということに大きな意味があります。たまたま1カ月だけ上がったり、下がったりということは、いつでもありえます。

もう1つの「一般物価水準」は、少しむずかしいかもしれませんが、こちらは定義がはっきりしています。何らかの「物価指数」を使います。パソコンとかコーヒーといった1つ1つのモノの値段ではなくて、**多くのモノの価格をひっくるめた経済全体のお値段**みたいなものです。たとえば「消費者物価指数」[★1]といった統計が目安として使われています。

❖――デフレの定義も変わった

浜田▼定義というのは、**一定の目的のために定めるもの**です。デフレをどのように定義するかは、その目的に依存するわけで、はじめから決まっているわけではありません。デフレの定義を決めるのにも、いろいろありうるのです。

たとえば、私たちはかりに食料と衣料とパソコンだけを使って生きている、としましょう。私たちはみんな**貨幣経済**のなかで暮らしていますから、1つ1つのモノには貨幣で表した、△△円といった値段がついています。それらのモノの値段のうち、あるものは上がって、あるものは下がっている場合には、全体として物価水準が下がっている状態とは言えないでしょう。

★1――**消費者物価指数**：全国の世帯が購入する商品やサービスの価格等を総合した物価の動きを、わかりやすく示したもの。多くの場合、1年前の同じ月と比べて何%上がったか、下がったかを見る。

しかし、食料も衣料もパソコンも、3つともいっせいに下がっているとすると、それは、**モノの価値が下がって貨幣の価値が上がっている**ことになります。これが、デフレの1つのとらえ方ですね。つまり、貨幣の価値が上がっている状態です。

かりに食料の値段だけが上がっても、衣料とパソコンの値段が下がって、後二者の比重が非常に高い場合には、それらを加重平均すれば、全体としてはデフレです。

かつて日本の政府は、デフレの定義を、「(単に物価が下落することを指すのではなくて)物価水準の下落を伴った景気の低迷を指す」としていました。

私が2001年に内閣府経済社会総合研究所の所長になった頃には、そういう**日本政府独自の定義**があるとは知りませんでした。**世界の経済学の常識**に従って、デフレという言葉を「物価水準が下がっている状態」という意味で使っていました。ほかのみなさんとは「デフレ」というもののとらえ方が違っていたようです。

2001年3月に、当時、内閣府政策統括官だった岩田一政さん(後に日本銀行副総裁、現在は内閣府経済社会総合研究所所長)が中心となって、日本政府も世界の常識に合わせたデフレの定義を用いるようにしました。それで「物価水準が下がっている状態」と「景気が悪くなって生産が停滞すること」とを分けて考えられるようになりました。

「デフレ容認論」を唱える人のなかには、デフレであっても生産が落ち込んでいない限りは問題がないという人もいますね。

❖——円高は何をもたらすのか

勝間▼日本ではいまだに、**デフレ容認論**を唱えている人も多くいますが、これは世界的にもよくある話でしょうか。それとも日本特有のものなのでしょうか。

浜田▼ほかの国でも皆無ではないかもしれないが、大まじめに議論しているとは思えません。一国の中央銀行のエコノミストが、デフレは良いことか悪いことか、などという議論をするのは、**世界の常識では考えられない**。

デフレの下ではモノの値段が下がって、よりたくさんのモノが買えると思っていたら、自分や家族の仕事がなくなってしまった、あるいは自宅の価格が下がって、住宅ローンの金利負担のほうが重くなってしまったとかいう事態が起こりえます。そう考えると、デフレで**誰が被害を受けるか**がわかるし、そもそも**デフレを容認することはない**と思います。

私は、経済社会総合研究所所長の立場で、経済財政諮問会議[★2]にオブザーバーとして参加していました。諮問会議でも、はじめはデフレを止めるのに消極的な人たちが多数派でした。彼ら諮問会議議員や、あるいは大学教師のように、安定した職業に就いて収入が保障されている人にとっ

★2——**経済財政諮問会議**：経済財政政策の企画立案および総合調整を行うことを目的に内閣府に設置された合議制機関。2001年1月設置。2009年9月、鳩山内閣の発足によって機能を停止した。

ては、たしかにデフレはいいことに見えるのかもしれません。

デフレというのはおカネの価値、つまり円の価値が上がることですから、デフレのときには**円高傾向**になります。海外旅行が簡単にできる人にとっては、円高はいいわけです。アメリカに住んでいて、たまに日本に来る私にとっては非常にまずい状態にあるのですけれども（笑）。

そのあたりについては、国会議員の先生方も含めて、ずいぶん誤解があります。

海外へモノを売る輸出企業にとって、デフレ・円高になると、円建ての受け取り代金が目減りして損をするのは、みんなわかっているわけです。

半面、「輸入企業にとって円高は得だ」と言う人も多いのですが、これは誤解を招きます。たとえば石油のようにほとんど輸入に頼っている場合には、たしかにデフレ・円高は有利にはたらきます。しかし、国内産品が輸入製品と競合している、いわゆる**輸入競争産業**では、デフレ・円高は不利にはたらきます。こういった産業では、海外の企業がライバルとなって、激しい値下げ競争になる可能性があるからです。典型的には衣料ですが、自動車も今後はそういう輸入競争産業になっていくかもしれません。これらの産業にとって、**円高は非常にマイナス**であるということが無視されています。

さらに踏み込んで言うと、デフレでも、あらゆるモノの値段や、賃金も家賃も、すべてが同じように下がるのであれば、それほど困らないわけです（それでも借金の実質価値が増えるという問題は残ります。これはこれで大いに問題です）。しかし、そうではなく、あるモノの値段は下がっても、賃金は下がらないというまだら模様になるところが、デフレの問題をむずかしくしているのだと思います。

勝間▼多くの人には、デフレによる**失業**とか**賃金の下落**が押しつけられる半面、一部の人は賃金が一定に保たれるので、デフレになると得する人と損する人が大きく分かれてしまうということですね。

浜田▼そうです。公務員のような人たち――以前は私もそうでした――にとっては、デフレの悪影響は比較的小さいと言えます。

❖――資源が有効活用されない

勝間▼一部の人たちの間で、デフレ容認論が支持される理由がわかりました。

私の理解では、経済学の課題の1つは、希少な資源をどうやって配分すれば、全体の効用が最大化できるかを考えることだと認識しています。つまり、使える資源に限りがあるとき、その資源をどう配分するかという問題ですね。

デフレのように、経済全体の需要が過小であるために、経済全体の供給が余っている状態、言い換えると、モノをつくる能力がフルに発揮されていない状態について考える理論体系はあるのでしょうか。

浜田▼世界の経済学者たちが研究している、とくにミクロ経済学（本章末コラム参照）という分野では、勝間さんが言われたように、希少な資源をどうやって配分するかという問題が議論されています。その議論の前提として、資源がいつでも完全に利用されているという仮定が置かれています。

デフレでモノの値段が下がっていくと、企業にとって、たとえ売上数量が変わらなくても、売上金額は減っていきます。またデフレが進むときには、消費者はこの先もっと値段が下がると予想して、不要不急の買い物を先延ばしにするので、売上数量も減っていきます。企業の売上高は減り、収益が減っていきます。

デフレの下では、原材料費も下がっている可能性がありますが、名目賃金は下方硬直的でなかなか下がりません。収益が減っているのに賃金は下げられないとなると、雇用を減らさざるをえません。こうして、デフレによって**失業が増えます**。

その後も売上高と収益の低下が続けば、やがて**賃金も下げざるをえなくなります**。実際に、日本でもそうなりました。それで、さらにモノが売れなくなります。モノが売れないとなると、モノをつくる設備も稼働しなくなり、**過剰設備**という状態になります。

そうなると、資源の完全利用という前提が崩れてくるわけです。ではどうすれば資源が完全利用されるようになるかを考える経済学を考えたのが、**ジョン・メイナード・ケインズ**★3という経済学者です。

若田部▼経済全体の需要（これを総需要と言います）が過小で、供給が余っている状態について考える理論体系そのものはあると思います。おそらく、ご指摘になったケインズの『雇用・利子および貨幣の一般理論』が大きなきっかけとなり、とくに第二次世界大戦後にマクロ経済学として受け入れられて以降は、現実の経済では一時的に**資源が使われない状態**が起こりうるということは、経済学者の間で合意があります。

そういうことは起きないと考える人もいるかもしれませんが、現実の経済でそういうことが起きることは、大半は認めています。たとえば、白川方明・日本銀行総裁も、講演等では、日本はいま**需要が不足**していると言っています。

需要不足の結果何が起きるかというと、資源が使われない。具体的には人々が雇用されず、機械設備も使われなくなります。

浜田▼それは、単にムダになるだけの話ではありません。勝間さんもご著書に書かれているように、働く意欲を持った人も働けないとなると、人々の能力――経済学では「人的資本」と言いますが――が少しずつ損なわれていくのです。これは、日本にとって**非常に怖い**ことですね。この点は勝間さんのご著書にまったく同感です。

若田部▼機械や設備を廃棄するということは、企業の持つ有形固定資産を少なくしているわけ

★3――ジョン・メイナード・ケインズ：1883〜1946。イギリスの経済学者。主な著書に『雇用・利子および貨幣の一般理論』。

です。せっかくつくったものを廃棄していくと、経済全体の供給能力自体が小さくなっていく。長期的には、大きなマイナスの影響を及ぼしますね。

❖——世を経《おさ》め民を済《すく》う

浜田▼私が勝間さんのご著書にとても共感したのは、勝間さんが、本当にしわ寄せが来る人たちに軸を据えて書いていることです。われわれ経済学者は、まず学説としての「デフレの経済理論」を語ってしまいがちですが、実際に**デフレで苦しんでいる人たち**の観点から経済を見ることこそ経済学の原点だと、勝間さんのご著書から教えられました。

デフレの原因やその脱却策をめぐっては、これまで長い間にわたって、さまざまな論戦が繰り広げられてきました。じつは、日本銀行、財務省、経済学者の間で、誰が議論に勝ったか負けたかはどうでもいいのです。そうではなく、現在も将来も多くの人々がデフレで苦しむことが、問題意識の出発点にあるのです。

若田部▼それはまさに、「経済」の語源である「**経世済民**（世を経《おさ》め民を済《すく》う）」ですね。これは中国の古い言葉ですが、「世の中を収め、人民の苦しみを救うこと」という意味です。

浜田▼東洋では、経済学はそういうものだと考えますね。西洋では、「economics」は「economy」から来ている言葉で、なるべく節約する方法を考えるという発想ですね。

勝間▼いま、新卒の内定率が高校生、大学生でともに80％程度。★4しかも学部によってかなりばらつきがありまして、文学部の落ち込みが激しく、半分以上の人が就職できていません。[★5] 日本では**新卒一括採用**の慣行がありますから、彼らは、ここで労働市場に参加できずに漏れてしまうと、この後5年、10年と漏れっ放しになる可能性が非常に高いですね。

そうすると、弱者というか、何か不都合が起きている人たちに対して、どのような施策が必要かという観点から、経済政策を考えることは重要ですね。

❖——自分の庭先のことしか見ていない

浜田▼そのとおりです。そこで問題なのは、**日本銀行の金融政策**です。私たちはみんな貨幣を持って生活していますから、金融政策は私たちの生活にも大きな影響を与えます。平たく言うと、財布のなかにどれだけおカネがあるかが、私たちの需要、購買意欲と直結しているのです。

われわれから見ると、残念ながら日本銀行には、**自分たちの政策が人々の経済状態に影響を与えるという認識が不足している**ように思われます。

日本銀行は、金融システムが機能不全を起こすのは困る、ということはよく認識しているのでしょう。彼らは、自分たちの周りにある短資会社や金融機関が安泰であれば、自分たちは金融シ

★4——『読売新聞』2010年3月13日。
★5——『AERA』2010年2月22日号。

ステムの守り神としてきちんと仕事をしていると思いこんでいるのかもしれません。

若田部▼短資会社とは、金融機関同士の短期資金の貸し借りを仲介する業者です。いま日本には、上田八木短資、セントラル短資、東京短資の3つの短資会社があります。**短資会社の経営陣**には、多くの**日本銀行出身者**がいます。

浜田▼その意味で私は、デフレ脱却という重要な仕事に本腰を入れずに、マクロ経済政策を放棄しているような中央銀行は、西條八十の童謡**「歌を忘れたカナリヤ」**みたいなものだと思います。かといって、「背戸《せど》の小藪《こやぶ》に埋《い》け」るわけにもいきません。貨幣は国民のために必要で、それを現在出せるのは（特別な場合を除いて）日本銀行しかありません。日本銀行は心を入れ替えて、デフレ脱却に本気で取り組んでいただきたいのです。

勝間▼自分たちの仕事を、金融システムの維持や適正な物価水準の維持といったせまい目的に限定してしまって、その結果として、若年層などの弱者がいま陥っている状況について理解が乏しいように見えます。

浜田▼自分たちの政策が、そうした弱者の苦境という国民経済の問題に関与しているという感覚がないとしか思えません。

若田部▼適正な物価水準の維持、たとえばゼロインフレとかではなく、**世界標準であるインフレ率2％程度**の維持をしてくれれば、むしろいいと思うのですが……。

浜田▼それさえもやらず、結果として、不適切な物価の下落を追認することになっています。

1990年代後半以降、ずーっとデフレが続いています。

日本銀行は、自分の屋敷から出ていった水が、まさに自分の庭先の短期金融市場や金融機関を潤しさえすれば、自分たちの役割は果たしたと思っているのでしょうか。本当は、日本銀行という屋敷から出た水は、日本国全体を潤さなければならないのです。

若田部▼これは金融関係の記者の方から聞いた話ですが、日本銀行の人たちは、金融機関が健全かどうかまでは想像力が及ぶけれど、それから先に国民経済があって、自分たちの政策がそこに影響を及ぼすということはなかなか理解できない、と言うのです。

浜田▼もう20年以上昔のことですが、不況のときに、私は当時日本銀行に勤めていた昔の教え子に、ホームレスの人がそこに寝ているのは、金融政策にも責任の一端があるんだと言ったら、びっくりしていました。「浜田先生がそんなことを言うとは信じられない」と。

❖失敗はしたくないというメンタリティ

勝間▼自分たちの守備範囲をせまく考えてしまっていることに加えて、結果として必要以上に物価水準を抑制的にしているのは、なぜでしょうか。

浜田▼守備範囲のせまさのほうは答えやすいですね。自分たちはこれだけしか守らないと決め込んでいると、エラーが少なくなるわけです。**責められることを少なくする**という背景から生まれた発想としか思えません。

日本銀行が短資会社や金融機関に対して権限を使って支配できたとしても、そんなに利益があるとは考えにくい。そもそも、おカネを印刷できるのですから、利潤のことは考えなくていい唯一の機関です。

なぜ日本銀行が、**「日銀流理論」**[★6]にしがみつき続けるのかは、本当によくわかりませんが、おそらく、失敗をしないようにという意識が年々、積み重なってでき上がった一種の伝統ではないか、と思います。

若田部▶物価水準を必要以上に抑制的にしているということについては、どうお考えでしょうか。デフレに対処すべきなのに、インフレをおそれて傍観しているということですね。

浜田先生もいろいろとお書きになっていますが、1つには**1970年代の大インフレ**[★7]の記憶というか、残像が根強く残っているのかなという気もします。当時、日本銀行はインフレ退治に大失敗して、インフレは非常におそろしいと思い込んでしまっているのではないか。しかもそのときは時の政府（田中角栄内閣）の要求に屈して金融緩和を進めすぎてしまったという「教訓」も学びました。しかし、それにしても、あれから30年以上の時間が経っています。だから、そこのところは不思議です。

戦後一貫して中央銀行の役割は、インフレと戦うことにありました。それでも、デフレがこれほど長く続いているのだから、**この期に及んでインフレをおそれることもない**だろうという気がします。

❖――インフレには過剰反応

勝間▼私には、日本銀行は、デフレに対して自分たちは大したことはできないと思い込んでいるようにも見えます。

浜田▼いまの日本銀行の問題は、名目金利がゼロに近いという事実をもって、金融は十分に緩和されていると考えているフシがあることです。企業や家計にとって重要なのは名目金利ではなく、名目金利マイナス予想インフレ率で定義される**実質金利**です（第2章末コラム参照）。今後もデフレが進んでいくと予想される状況では、予想インフレ率はマイナスになり、実質金利は名目金利より高くなります。たとえば、名目金利1％で、予想インフレ率をマイナス3％（つまり3％のデフレを予想）とすると、実質金利は4％です。

日本銀行の金融政策を見ると、名目金利ばかり注目して、名目金利をプラスにしないと、イン

★6――**日銀流理論**：日本銀行には、世界の中央銀行の理論とはまったく違う、日本銀行内で代々伝えられてきた独自の理論が存在すると言われる。岩田規久男『日本銀行は信用できるか』講談社現代新書、2010年、第3章参照。

★7――**1970年代の大インフレ**：1970年代に先進各国で10％台にものぼる高率のインフレが進んだこと。一時日本では、消費者物価指数上昇率で25％を経験したことがある。その原因としてはいわゆる第4次中東戦争にともなう第1次石油ショックもあるが、それ以前から各国では金融緩和政策のためにインフレが進んでいたことも事実である。結局、大インフレが収束するには金融引き締め政策が必要だった。

フレになってしまうとおそれているかのようです。**実質金利と名目金利の区別ができていない**ようにも思われます。少しむずかしくなりますが、経済学では、これを「**貨幣錯覚**に陥っている」といいます。

これが間違いだということを、白川総裁のような優れた人がわからないとは、まったく信じられません。シカゴ大学ではいちばんはじめに、実質値と名目値、そしてストックとフローを分けて考えなさい、と教えると聞いています。白川総裁は、まさにシカゴ大学に留学して修士号を取得しています。

日本銀行のもう1つの問題は、インフレに対する姿勢とデフレに対する姿勢が非対称なことです。インフレのことは、「これはたいへんだ」と騒ぐけれども、デフレのことは何でもないように振る舞います。これはもしかすると自分たちの影響下にある**短資会社の利害**の問題のせいかもしれませんし、デフレで相対的に得をする富裕な人の利益を代表しているのかもしれません。

勝間▼アメリカにも、日本の短資会社に当たるような会社はあるのですか。

若田部▼日本銀行のレポート[★8]によると、アメリカでは短期金融市場の半分くらいはブローカーを経由して調達されているようです。なので、短期資金を扱う会社があるのは事実ですが、トップが中央銀行から天下り、市場関係者によってそのことが重視されると思われているという意味での、日本のような短資会社は存在しないのではないでしょうか。

勝間▼既得権業者としての短資会社に囲まれているわけですから、日本銀行としてもそこに**利**

益誘導しなければいけないという歪みが入るわけですね。

浜田▼それに加えて、一部の職員の定年後の**天下り先**という意味合いもあるのかもしれません。

若田部▼たしかにそう考えると、日本銀行が名目金利をプラスにすることに非常に執着する理由もわかるかもしれません。名目金利がゼロになると、短資会社は利益が出なくなる。短資会社と日本銀行は密接なつながりがありますから、金融引き締め（利上げ）のほうは早目にやるけれども、金融緩和（利下げ）はなるべく遅目にするという非対称性が生じることになります。もっとも、天下り先である短資会社のために日本銀行が金融政策を運営しているとはとても信じられませんが。

勝間▼日本銀行にとって、金融引き締めと金融緩和には、インセンティブの違いがあるわけですね。

若田部▼２００１年から06年にかけて日本銀行は、日銀当座預金[★9]の残高を目標とする政策、い

★8――日本銀行金融市場局「米国短期金融市場の最近の動向について――レポ市場、FF市場、FF金利先物、OIS市場を中心に」日本銀行調査論文、２００７年２月（http://www.boj.or.jp/type/ronbun/ron/research07/data/ron0702a.pdf）。

★9――**日銀当座預金**：日本銀行は銀行の銀行、すなわち金融機関の銀行、としての役割を果たしている。金融機関が日本銀行に持っている口座が日銀当座預金である。２００１年３月～06年３月の「量的緩和」政策では、この当座預金の残高を増やす政策が行われた。

わゆる「量的緩和」政策を行いました。短期金融市場に潤沢に資金が供給されて、どの金融機関も、ほかの金融機関から短期資金を借りる必要がなくなり、短資会社の仕事はなくなりました。金融機関の側も、短期金融市場で資金を貸借する必要がなくなり、そのセクションの人員削減が行われました。経済学者でも、「この重要な仕事の担い手がいなくなってしまって、量的緩和が解除されたとき、人材を確保するのは難事だ。これは量的緩和の『弊害』だ」と主張した人もいます。

勝間▼私、その仕事、やってました。もう十数年前のことですが、金融機関に就職していちばん最初の仕事です。マネーマーケットのエントリージョブですよ。「人材の確保が難事」などという類の仕事ではないことは、たしかですね。

短資会社に勤めている人が「短期金融市場の仕事がなくなってたいへんだ」と言うのならわかりますが、**経済学者**がそれに**同調する**のは、まったく理解に苦しみます。国民経済を犠牲にしてでも、**日本銀行の天下り先**である短資会社の仕事を守るべき、とでも言うのでしょうか。

❖──名目と実質の区別

勝間▼浜田先生が言われたように、名目と実質の区別がつかない人は、かなり多いという印象があります。おそらく多くの政治家もそうでしょうし、実務家にもそういう人がたくさんいるのではないでしょうか。この**名目と実質の混同**は、どこから来るのでしょうか。

若田部▼ある意味で、貨幣についての錯覚があるのかもしれません。この章のはじめにお話しした、デフレとは何かということにつながる問題です。貨幣の価値が変わるということは、名目と実質ということにかかわってきます。そこはたしかに理解するのはむずかしい、本当の**カンドコロ**の1つでしょう。

勝間▼去年の1万円と今年の1万円とは本当は価値が違うのに、頭のなかではみんな同じ価値になってしまうわけですね。

若田部▼もう少し言えば、目の前のモノの値段が下がっていることは、誰でもわかります。しかしそれを物価指数のように統計として表現し、理解するのは、もう1つステップが必要なわけです。そのあたりが、なかなか超えられないのではないかと思います。

勝間▼本来なら、政治家がそれを誰でもわかるように解説し、国民とわかりやすくコミュニケーションをして、誰でも理解できるような政策運営をするべきです。その仕組みが、どこかで壊れてしまったのでしょうか。

若田部▼誰もが経済学やマクロ経済のことばかり考えているわけではないので、そういうことは誰かが分業して、きちんとやってくれればいいわけです。だから中央銀行には頑張ってほしいのです。経済学をしっかり勉強した人たちがきちんと金融政策を運営してくれれば、あとは彼らに任せていいのではないか。これが、理想的な形での**中央銀行の独立性**です。現実にそうなっていないことが、大きな問題です。

❖——日本銀行に対する「気遣い」か

浜田▼日本の経済学者の多くは、私が日本銀行を批判したり、デフレの弊害について議論しようとすると、ぱっと口をつぐんでしまいます。**優秀な学者ほどそうです**。将来、日本銀行の政策委員会審議委員に指名してもらえなくなると心配しているのかもしれません。もう少し卑近な問題としては、日本銀行の行内研修の講師の依頼が来なくなるとか、教え子が日本銀行に就職できないとか、日本銀行金融研究所が主催する国際コンファレンスに招待されなくなることを心配しているのかもしれません。

もちろん面と向かって聞いて、「はい。そういうことを心配しています」と答える人もいないでしょうが、そう考えると、日本銀行が、やろうと思えば**経済学者たちの思想統制**をできるような仕組みになっていること自体が問題です。

もちろん、日本銀行のみなさんは、ほとんど人当たりがやわらかい立派な紳士ですし、ほかの政府機関に比べても日本銀行は人柄のいい人を採用していると、少なくともかつては私も思っていました。私の教え子でも、日本銀行に就職した人も多いですからね。彼らに悪気はないかもしれない。

経済学者たちも、日本銀行に呼ばれなくなると困るから、意識的にデフレや金融政策の話はしないようにしているとは思いませんが、結果的にはそう見えてしまいます。なぜ彼らは——やはり私の教え子も多いのですが——デフレや金融政策、とくに景気対策の議論に積極的に出てこないのか。マクロ経済学を専門分野としている経済学者も、こういった議論に対して非常に「控え目」です。それは本当に不思議です。

あるいは、勝間さんのご著書『自分をデフレ化しない方法』（文春新書、2010年）や、勝間さんが宮崎哲弥さん（評論家）や飯田泰之さん（駒澤大学准教授）と書かれた『日本経済復活一番かんたんな方法』（光文社新書、2010年）に対して、批判が出ることとそれ自体はいいのですが、日本の経済学界を背負って立つような優秀な経済学者が細かい、技術的な論点にこだわって、右に行かなければいけないところを何となく左に持っていくような論説を見ると、彼らは、何か「特別な理由」でもあって、**日本銀行に気を遣っている**のではないかと勘繰りたくなります。

経済学者のなかには、日本銀行は海外の有名な経済学者を招いたコンファレンスもたくさんやっているし、最新の経済学もきちんと知っている、外野から素人が口出しすべきでない、と言う人もいるようです。

しかし、たとえば日本銀行のコンファレンスで発表された海外の経済学者の論文も、日本銀行の主張と違っていれば、**徹底的に無視**されます。言うまでもなく、そういう学者の提言が実際に政策として採用されることは、まったくありません。

本書で私が述べている議論は、私の独創ではありません。ごく普通の、**世界に通用する国際金**

融論の応用にすぎません。たとえばプリンストン大学の教授だったベン・バーナンキＦＲＢ（連邦準備制度理事会）議長や、ラルス・スヴェンソン教授の主張と言っていいのです。日本銀行の政策に憤慨してばかりいても冷静さを失いますし、身体にも悪いので、社会科学の対象として、どうして経済政策が誤ったアイデアに左右されるかを研究する必要があります。

幸いにも、国際交流基金日米センターとアメリカの社会科学研究評議会（ＳＳＲＣ、Social Science Research Council）から「安倍フェロー」に選ばれて、調査研究を支援していただけることになりました。今後1年間かけて、以前から野口旭さん（専修大学教授）と追求していることのテーマを、関係者への聞きとりも交えて真剣に、より客観的に研究してみたいと思います。

勝間▶私が危惧するのは、いまのデフレに陥っている日本の状況が、太平洋戦争に向かっていった経緯と非常に似ていることです。１人ひとりは、どう見ても戦争しても勝ち目はない、戦争なんかしてはいけないとわかっているのに、**システム的な欠陥**のために、気がついたら戦争に向かわざるをえないような状況に追い詰められてしまった。いまの日本も、**システムとしてデフレから抜け出せない**という印象です。

❖──ゼロ金利下では短期国債と貨幣は「ほぼ同じ」

浜田▶ただし、リフレ政策[★10]に批判的な経済学者たちの議論にも、まったく聞くべきものはないわけではありません。「ゼロ金利の状態では、**流動性の罠**[★11]に陥っているので、貨幣の増加はすぐに比例的には物価に影響しない」という点です。

リフレ政策にはいろいろな手段がありますが、留意すべきは、短期金利がゼロ近傍にある、いわゆる「ゼロ金利」の状況では、**短期国債と貨幣はほぼ同じ**になってしまう。「ほぼ同じ」というのは、経済学の用語では「ほぼ完全代替資産」と言いますが、簡単に言うと「資産としては貨幣を持っても短期国債を持っても、大きな違いはない」という意味だと思って下さい。

資産としての機能を考えると、短期国債も貨幣も、金利が付かないのでほぼ同じということです。だから、日本銀行が貨幣を増やそうとして短期国債を買っても、人々の経済行動にあまり大きな変化は与えない可能性があります。

そのことから、ゼロ金利下では、短期国債や残存期間の短い長期国債（日本銀行はこれをもっぱら買っています）を買うのではなくて、長期国債や民間株式・債券の購入、外為市場における円売り介入が、デフレを止めるためにより大きな力を発揮しうることを指摘する必要があるで

★10――リフレ政策：デフレからの脱却をめざし安定的なインフレ率に戻すための政策。手段としては積極的な金融緩和政策を主眼とするが、財政政策、為替介入との組み合わせを用いるなど、さまざまありうる。かつて1930年代の大不況の折りにデフレを問題視したアメリカの経済学者アーヴィング・フィッシャーらが唱えた。

★11――流動性の罠：短期名目金利がゼロかそれに近い水準まで低くなると、将来の債券価格変動による損失のほうが、金利収益より大きくなるリスクが増える。そのため誰も債券を持とうとしなくなり、かわりに貨幣を持とうとする。旧来のケインズ経済学では、この状況では金融政策がうまく機能しなくなり、財政政策が必要と考えられていた。

しょう。これを**「広義の買いオペ」**と私は呼びたいのです。

「貨幣さえ増やせばデフレは止まる」というのは90％正しいのですが、貨幣を正しいやり方、つまり「広義の買いオペを行えばいっそう効果がある」というただし書きをつければ完璧です。

高橋洋一さん（嘉悦大学教授、政策工房会長）の著書『この金融政策が日本経済を救う』（光文社新書、２００８年）はすばらしい本です。高校生を対象にすると書いてあるだけあって、とてもわかりやすく書いてあります。**みなさんにお勧めします**が、「広義の買いオペ」のことは補足して読んで下さい。

リフレ政策に批判的な人たちは、そこをとらえて、日本銀行が短期国債をこれ以上買い入れても意味はないと言います。２０１０年3月の金融政策会合では、金融機関に短期資金を貸し出す「新型オペ」の規模を拡大するというのが政策の目玉でした。すでにおわかりと思いますが、そのような短期金融市場にはたらきかけるオペは、理論上あまり効かず、長期金利や円／ドルレート、物価水準には、あまり影響を与えません。あまり**効かないことがわかっている薬**を与えておいて、「それ見たことか」というトリックです。緩和のジェスチャーだけをしていると評した新聞もありましたが、まさにそのとおりです。

以上のように理論的には、ゼロ金利下では、短期国債と貨幣が資産としては、ほぼ同じものになります。したがって、長期国債オペのほうが景気対策として有効であることは、間違いありません。

しかし、短期国債が、資産としていかに貨幣に近いものになったとしても、それで買い物ができるわけではなく、貨幣と同じ**流動性**を持つわけではありません。また短期国債は、いまはゼロ金利であっても、将来プラスの金利がつくかもしれません。厳密には、短期国債オペは、力は弱くても、まったく効果がないわけではありません。

その観点から見ると、本多佑三・関西大学教授らによる研究は、きわめて興味深いものです。[★12] この研究は、2001年3月から06年3月までのゼロ金利下での**量的緩和政策が、景気回復に有効**であったことを示しています。山本幸三衆議院議員も、2010年2月16日の衆議院予算委員会における白川総裁に対する質問で、この研究に言及しています。

この研究では、マネタリーベース（現金＋日銀当座預金）の増加が、短期国債オペによるのか、長期国債オペによるのかを区別していませんが、当時のオペの大部分が短期国債および満期間近の長期国債（これは事実上の短期国債です）で供給されたことを考えると、短期国債オペによる量的緩和も、景気回復に着実な効果を持ったことがわかります。少なくとも、日銀当座預金残高の増加が、鉱工業生産にはっきりとした影響を及ぼしています。また統計的因果の方向も、日銀当座預金残高から鉱工業生産に向いています。ゼロ金利下でも、量的緩和政策が鉱工業生産に影

★12――本多佑三・黒木祥弘・立花実「量的緩和政策――2001年から2006年にかけての日本の経験に基づく実証分析」『フィナンシャル・レビュー』第99号、2010年2月。

響を及ぼしたことを示しています。

しかもこの研究では、量的緩和政策が株価の動きを通じて国民経済に影響を及ぼしていることも明らかにされています。まさにジェームズ・トービン[★13]が示唆した、貨幣量の変化が経済主体の資産選択を通じて国民経済に影響を与えていく効果にほかなりません。

私は、理論家として短期国債オペと長期国債オペの区別を強調しましたが、大きな政策ビジョンからは、それほど気にしなくてもよいのかもしれません。勝間さんや高橋さんが示唆するように、**「貨幣を増やせばデフレは止まる」**というのは、第一次近似としては十分に正しい真理であり、また政治家たちにもっとわかってほしい真理なのです。

❖──政治家・メディアも問題

勝間▶これまでの議論では、政治家がまったくあらわれていませんね。

浜田▶おっしゃるとおりです。経済学者や日本銀行だけを責めて、政治家を責めないのは、よくないですね。日本銀行の政策委員会審議委員や総裁を選ぶときに、与野党がきちんと選ぶことが必要不可欠です。

たとえば2008年3月に、伊藤隆敏・東京大学教授が日本銀行副総裁に就くかというとき、彼がインフレターゲット論者だということを理由の1つとして、**民主党の主導で拒否**したのは、いまの**デフレと混迷の状態を導いた遠因**にもなっています。伊藤さんは、論文でも議論でも世界の一流経済学者と太刀打ちできる、数少ない日本の国際的レベルの経済学者の1人です。

日本銀行にとって都合の悪いことは言わないような学者が、日本銀行の総裁・副総裁や審議委員の候補となったときには、与党も野党もそこで踏みとどまって、そういう人を任命しないようにする必要があります。そういう人は任命されないとわかると、経済学者のインセンティブが変わってくると思います。

勝間▼政治家も、デフレ脱却に関しては無作為、何もしなかったということでしょうか。

浜田▼政治家も、ごく一部を除けばそうですし、メディアも本当に情けないですね。たとえば勝間さんが2009年11月に菅直人・経済財政政策担当大臣に会見されて、それから菅さんのスタンスがデフレ脱却の方向へ大きく変わった後にも、大新聞のなかには「社会の仕組みの望ましい変化がデフレをもたらしている面もある」と書いていたところもあります。そういうものを見ると、**メディアも勉強不足**ですね。単に不勉強な論説が載っている、というだけではすまない話で、そういった論調が広がれば、その結果デフレから抜け出せずに失業者が増えて、日本経済の停滞感を増すということになります。結果として新聞社の広告収入も減るのです。

私は多くの友人を日本銀行に持っています。彼らは個人的にはたいへん親切にしてくれます。

★13――**ジェームズ・トービン**：1918～2002。アメリカの経済学者。ハーバード大学、イェール大学教授を歴任。1981年ノーベル経済学賞受賞。

白川総裁も、いま彼と正反対の見解を持つ私の教え子であったと認めたがらないかもしれませんが、非常に優秀な学生でした。また彼は人柄的にも謙虚で立派な人だと思います。私もこんな批判などせず、功なった教え子たちをやさしく激励して、いいおじいさんとして学者人生を終えることができれば、幸せなはずですが。

でも、ここではっきり意見を言う必要があるのは、間違った金融政策が、人々の職を奪って家族を路頭に迷わせ、さらには世をはかなむ人を増やすという事態を招いている。いろいろな人の実質的な生活、生きがいに直結して厚生を損ない、日本経済の落ち込みを深くしているのです。そこで意見は率直に申し上げるのが、日本経済のためと思わざるをえません。

❖──さるかに合戦

浜田▶金融政策をめぐる現在のゲームは、むかしばなしの**「さるかに合戦」**のようですね。日本銀行は、さるかに合戦のサルみたいなものです。若い人は知らないかもしれませんが、おむすびを拾ったカニに対して、サルが柿の種と交換しようと言います。将来、柿の木が育って大樹になって、たくさんの柿の実がなるよとカニを言いくるめて、おむすびを取り上げてしまうのです。いま国民の手元にはおむすび（雇用や生産）があります。デフレを甘受して、つまりおむすびをあきらめれば、（いつかはわからないが遠い将来には）柿の実がなる。つまりバブルなどにならないような安定的な金融システムが国民に与えられる、と言っているかのようです。

どういうわけか、日本銀行に対しては、各メディアは非常に穏やかに対応していますね。白川総裁がとても紳士で、論理的にていねいにお話しされるからでしょうか。もちろん、それは彼のいい面なのですが。

若田部▼福井俊彦前総裁はさらに弁舌さわやかというか、話し方はうまかったですね。その前の速水優総裁はそうではなかったので、日本銀行の自己弁護も相当はげしくならざるをえなかった面があります。白川総裁はイメージがソフトですね。その意味では**日本銀行のメディア対応は、巧みになっている**とは言えますね。

勝間▼2009年10月に日本銀行から、「この先3年間、物価は下落する」という予測がさらっと出ました。これはある意味、衝撃的でした。まさしく物価下落に対して歯止めする立場の人たちが、**自分たちに責任はない**というあらわれでしょうか。

とはいえ政治家の間では、2009年の秋頃から、デフレ脱却が重要であるという認識が少しずつ広がっています。菅直人・財務大臣兼経済財政政策担当大臣（座談会当時）も、2010年末までにインフレ率1％を目標にすべし、と言っています。2010年3月末には、民主党のなかに、**「デフレから脱却し景気回復を目指す議員連盟」**が結成されました。

浜田▼日本のメディアは、政策当局者が少しでも動くと、ずいぶん変わってきますね。それに期待するしかないようです。

若田部▼デフレ容認論はさすがに少なくなったように思います。「良いデフレ」とは誰も言わなくなりました。

❖――輸入デフレ論の間違い

勝間▼デフレの原因について、中国からの安価な輸入品、たとえば「ユニクロ製品」がデフレをもたらしたと考えている人も多くいます。

若田部▼いわゆる**「輸入デフレ論」**ですね。

浜田▼輸入デフレが起こりうるのは、中国元と日本円が固定為替制度になっていて、中国の低価格品が、低価格のまま国境を越えて日本に入ってくる場合でしょう。ドルと元はペッグされていますが、円とドルは変動制ですから、円と元もお互いに変動制となります。日本が金融緩和を行えば、その結果、円安・元高となって、中国の低価格品が低価格のままでは入ってこないので、輸入デフレは起こりえません。

中国が人為的に元安の政策をとって、元とドルとの為替レートを固定し、大幅に外貨準備を蓄積するような状態では、輸入デフレが一時的に起こるかもしれません。しかし、元とドルがペッグされているのですから、輸入デフレはまずアメリカで起きるはずです。

若田部▼たとえば、私たちは、食料、衣料、パソコンの3つを使って生活しているとしましょう。そのうちの1つ、衣料の値段が安くなったとき、所得が一定であれば、**ほかのものを買う**という選択肢もあるわけです。食料やパソコンの需要は増えますから、値段は上がるかもしれません。そうすると、物価水準におよぼす影響は、上がるかもしれないし、下がるかもしれない。ひょっとしたら変わらないかもしれません。だから、安価な輸入品が増えるとデフレになるのは必然とは言えません。

ただし、浜田先生もご説明されたように、一定の条件下、たとえば為替が固定相場制であれば、短期的にはそういうことも起こりえます。

浜田▼経済学には、**「一般均衡理論」**[★14]という考え方があります。貨幣市場、財市場、資産市場といったさまざまな市場は、決して独立ではなく、一定の関係があります。1つの市場で超過供給があるときには、ほかのものに対する超過需要があるという考え方です。これは、**ワルラスの法則**と呼ばれています。われわれは貨幣経済のなかに住んでいて、貨幣に対する超過需要は財の超過供給になるということ（貨幣経済のワルラス法則）が、重要なポイントです。

若田部▼これも、経済学の**カンドコロ**の1つですね。モノだけではなくて貨幣もある世界を考えると、衣料の値段が下がっているということは、人々はじつは貨幣を持ちたがっているという可能性もあるわけです。この場合、衣料に対する需要が過小で、貨幣に対する超過需要がある状

★14——**一般均衡理論**：1つの財の需要・供給の均衡について考える「部分均衡理論」に対して、多数の財・資産の均衡が経済全体として整合的に成り立つことを分析する理論。経済体系が全体として閉じていることを考えに入れて分析する。本書との関連では、経済主体が、財、金融資産、そして貨幣をそれぞれ保有していることを明示的に考慮する理論。

態ですね。それがデフレです。

衣料に対する需要が減って、もし需要が貨幣に向かわなかったなら、衣料以外のほかのモノに需要が向かっているとも考えられます。その前提として、経済というものを全体として**閉じたシステム**だと考えます。どこかである方向への影響があると、ほかのところでは、それとは反対方向の影響が出てくると考える。そのことが理解できるかどうか。これは、経済学の重要なカンドコロの1つです。

もう1つ、安価な輸入品に関して、そこで利益を上げている企業は、むしろデフレに適応している企業と言ってよいでしょう。要するに賃金が安い国で衣料品をつくり、それを日本に輸入してくる。そのときに円高であることが、その企業にとっては都合がいいわけです。それで、物価がデフレになっている日本で、安い商品を売る。そして利益を上げている。つまりデフレの原因ではなくて、むしろデフレに適応しているがゆえに儲けている企業ではないかという気がします。

勝間▼私たちは、貨幣をそのままサイフに入れて持つか、あるいはそれをモノに換えるかという選択肢があって、さらに貨幣をモノに換えるとしても、食料に換えるか、衣料か、パソコンかという選択肢があります。そういうモデルを頭のなかに入れておかなければいけませんね。

浜田▼そういうことです。単純化して言えば、人々が食料よりも衣料よりもパソコンよりも、**貨幣を持ちたがっている状態**が、「デフレ」と言ってよい。ですから、経済全体の需要（総需要）の減少によって起こるデフレは「悪いデフレ」で、経済全体の供給（総供給）の増加によって起こるデフレは「良いデフレ」などという議論は、**まったく間違い**です。

❖――世界金融危機後も「不動の姿勢」

浜田▼もう1つ、重要な経済学のカンドコロについてお話しします。それは、**フローとストックの違い**ということです。資産市場と財・サービス市場の違いは、政治家も含めて、じつはよく理解されていないのではないかと思います。

市場には2通りあります。第1に食料品の市場や労働市場のように、そのときどきに売買代金が決済されて、生産や、消費、投資に結びつく**フローの市場**です。第2は貨幣の市場とか、金の市場とか、不動産の市場とか、株式市場といったバランスシートに関係する**資産（ストック）の市場**です。

ストックの市場のほうが**価格がはげしく動きます**。ミルクの市場のようなフローの市場では、値段が前日に比べて10％上がるということは、あまりありませんが、ストックの市場では10％以上の価格変動も日常的にありえます。

その2つの市場がまったく独立であれば問題はありませんが、じつは密接に関係しています。われわれは貨幣も持っているし、食料品も買うわけですから、両方の市場へ出て行くことになります。

2007年のサブプライム問題、08年のリーマン・ショックを端緒とするアメリカ発の世界金融危機は、証券市場というストックの市場を通じて世界に波及しました。フローの市場にももちろん影響を与えましたが、ストックの市場の下落が世界を駆けめぐり、それが日本にも波及したのです。ではストックの市場だけ見ていればよいかというと、そうでもない。雇用、生産、消費というように、私たちの**毎日の生活に関係あるのはフローの市場**です。

世界金融危機の影響が日本に及んだとき、日本でとるべき政策手段は、ストックの市場で問題が起きてそれが波及してきたのだから、ストックの市場でそれに対応する、**現存する金融資産の量と構成を変えてやる**必要があったわけです。

図1-1（主な中央銀行のバランスシートの規模）は、世界金融危機の前後に、日本銀行、FRB、イングランド銀行、欧州中央銀行がどのような金融政策のスタンスであったのかを、バランスシートの大きさによって示しています。買いオペによって貨幣を拡張すると、中央銀行の債務である貨幣と、バランスシートの規模がともに増えるのです。世界金融危機の後は、日本もアメリカもイギリスも、急速にゼロ金利に近づいて、金利を下げる余地が小さくなりました。そうなると、金利という指標で金融緩和の度合いを計ることはできません。そこで、中央銀行のバランスシートの大きさによって、金融政策の比較をしてみましょう。

図1-1から明らかなように、FRBもイングランド銀行も欧州中央銀行も急激に緩和的な金融政策をとりました。これは各国の中央銀行が市場からたくさんの金融資産を買い入れたことを示しています。

図1-1●主な中央銀行のバランスシートの規模

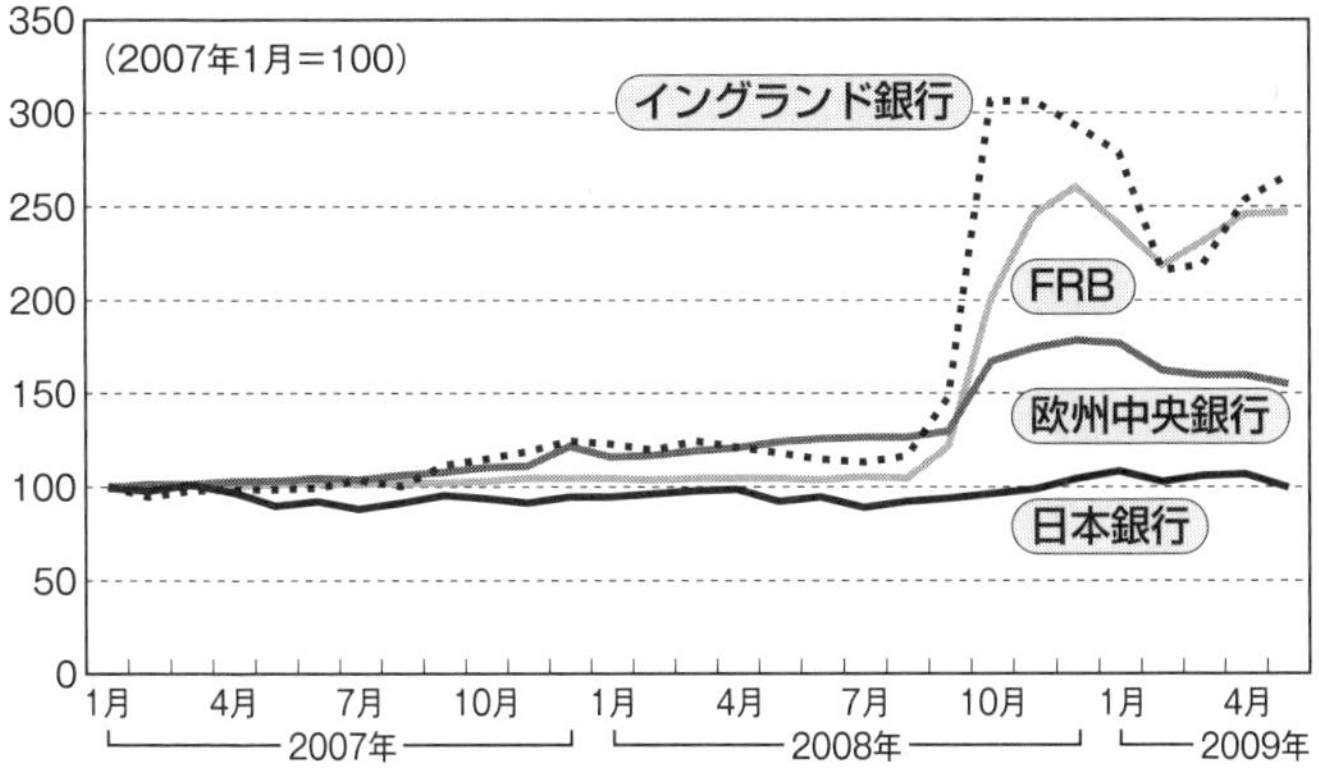

(出所) 各国中央銀行バランスシートから月中平残を推計.

それに対して日本銀行は、ほとんど**不動の姿勢**でした。２００８年後半からは、緩和基調もかすかに見られましたが、バランスシートは過去２年間、ほぼ成長率ゼロでした。

白川総裁は、「日本銀行のバランスシートの規模はもともと大きかった」と発言しています。[★15] 貨幣を出し渋っていたために、デフレで名目所得が減って、貨幣の所得に対する比率が大きくなっていたのがその原因です。いずれにせよその結果、為替レートは円だけが他通貨に対して円高基調、円の１人勝ちとなってしまいました。[★16] 図１−２は、この間の日本の実質実効為替レートを示したものですが、円だけが高くなっています。日本の輸出産業、輸入競争産業は、**大きなハンデ**を負ってし

★15――白川方明「最近の金融経済情勢と金融政策運営」内外経済調査会における講演、２０１０年１月29日。本書第３章参照。

図1-2●実質実効為替レート

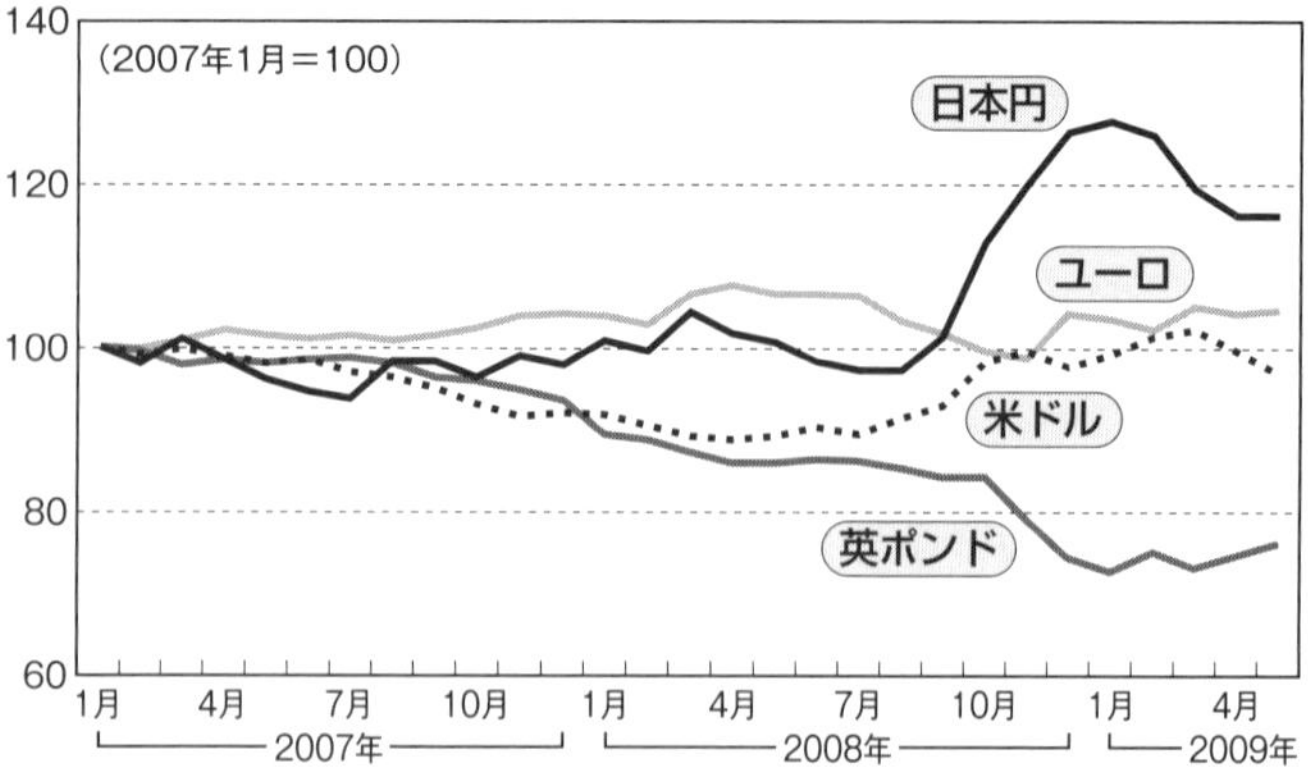

（出所）BIS.

まいました。

通常、経済的な打撃を受けたか、あるいは将来受けると予想される国の通貨は相対的に下落します。また、他国よりも金融を緩和した国の通貨も下落します。円の1人勝ちは、日本の受けた実物的ショックが他国のそれに比べて少ないことを意味すると同時に、図1―1で見たように、日本の金融政策が極端に引き締められていたことによるものです。「日本銀行のバランスシートはもともと大きい」などと言い逃れできる話ではありません。

その結果として、図1―3に示すように、日本の鉱工業生産指数は、先進国のなかで最悪の落ち込みでした。2009年の2月には鉱工業生産の水準が、危機の始まった時期に比して4割近く落ちています。サブプライム問題、リーマン・ショックの起こった震源地ではない日本のほうが、本家のアメリカや、イギリスに比べてずっとひど

図1-3●鉱工業生産指数

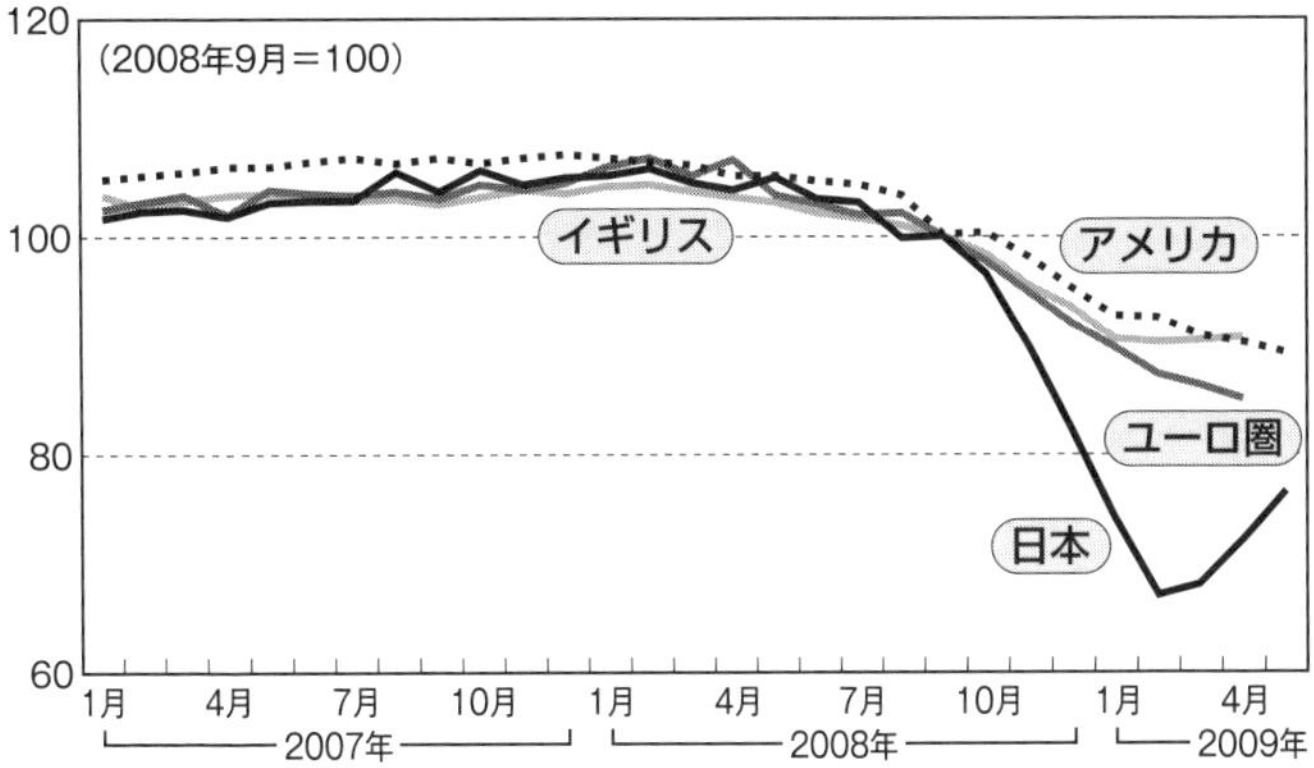

(出所) ブルームバーグ.

い被害を受けています。マーヴィン・キング★17のような ファイナンスの世界的権威、ベン・バーナンキ★18のような戦間期経済の専門家が、いわば、なりふり構わず金融緩和のあらゆる手段を使って対抗したので、英米では被害が日本より少なくすんだと言えます。

★16——**実質実効為替レート**:私たちが通常目にする為替レートは日本円と米ドルなど2つの通貨を比較したもので、これを名目為替レートと言う。しかしそれでは、ほかの国の為替レートとの関係がどうなっているかがわかりにくい。そこでその国の為替レートが、ほかの複数の国に対して相対的にどのような位置にあるかを示したものを実効為替レートと言う。さらにこれを物価変化率で調整することで、実質実効為替レートが求められる。

★17——**マーヴィン・キング**:1948年生まれ。イギリスの経済学者。現在イングランド銀行総裁。

★18——**ベン・バーナンキ**:1953年生まれ。アメリカの経済学者。プリンストン大学教授を経て2006年よりFRB議長。

日本では、火元は外国だから金融政策はあわてずに、と悠々と不作為で構えていたら、いちばん被害が大きくなってしまいました（なお本項で紹介した3つのグラフを作成されたのは、2010年4月に急逝された内閣府経済社会総合研究所の岡田靖さんです）。

白川総裁は、右に挙げた講演で、日本の金融システムはリーマン・ショックによる被害が小さく、「相対的に安定性を維持することができ」た、だから日本銀行はバランスシートを拡大させる必要はなかったのであり、図1-1で示した日本銀行の不作為を批判するのは「まったくの誤解」と反論しています。そして日本銀行は、図1-2で示した為替レートの動きについては、為替介入は財務省の仕事だから自分たちには責任がないと逃げています。

しかし、なぜリーマン・ショックの震源地ではない日本が、**震源地以上の被害を受けた**のでしょうか。日本銀行が**金融政策を怠っていた**という理由以外には考えられません。

さらにつけ加えると、米英両国の防衛的金融緩和は、近隣窮乏化効果をもって円高をもたらすのが、為替レートのマネタリー・アプローチ、ルーディガー・ドーンブッシュのオーバーシューティング・モデルの帰結です（第3章112ページ参照）。これに対して日本も金融緩和、あるいは円高防止のための円売り・ドル買い介入で応じるべきでした。

日本銀行の視野には、自分たちの前庭である金融システムのことしか入っていないように思われます。**金融政策、貨幣の供給によって国民経済全体が支えられている**ことがわからないのでしょうか。私たちの財布には日本銀行券が入っていて、それが国民の購買力の基礎となっていることがわからないのでしょうか。

白川総裁の発言は、リーマン・ショックによって、日本銀行の前庭である金融システムは小さな被害しか受けなかったので、水をあまりまかなかったが、イギリスやアメリカは大きな被害を受けたので、たくさん水をまかなければならなかった、というのです。しかし、水をたくさんまいたイギリスやアメリカの経済は回復して、イギリスはもう景気回復を宣言しています。

しかも日本には、諸外国の金融緩和によって円の独歩高になるというおまけの負担まで降りかかってきました。そのため日本はリーマン・ショックの震源地ではないのに、いちばんはげしく国民経済の被害を受けたのです（図1−3）。

日本銀行は、図1−1に示された金融政策の不作為を、金融システムが受けた被害の大きさと結びつけて自己弁護しています。しかし、図1−3に示した国民経済全体が受けた被害については、口をつぐんでいます。自分の前庭の金融秩序の維持（それはそれで重要です）だけが日本銀行の責任で、失業や倒産は責任の範囲外だというのです。

日本銀行の前庭には、金融システムという花壇があります。その後方には、庶民が生活するための畑があります。日本銀行は前庭の花壇の管理には熱心で、いま水をやり過ぎると何年か先に花が咲かなくなるのではないかと心配しています。日本は花壇の損傷が少なかったので、水をあんまりやらないのは当然という論理です。水をやらないためにデフレが深刻化して、失業や倒産が増えていることには気づこうとしません。**日本銀行の不作為**で多くの人たちが苦しみ、日本の生産力の基盤が失われつつあることには何も目がいかないのでしょうか。

❖――いわゆる「非不胎化介入」が有効

勝間▼日本のデフレに対して日本銀行が**あまりに無策**であるという現実について、世界の経済学者たちはどういう議論をしていますか。

浜田▼そもそも欧米では、デフレ対策として金融政策は有効かどうかなどという議論が必要という意識はないと思います。デフレになったら、まず**金融政策**を使って**デフレ脱却**を図ろうと考えるのが**当たり前**です。たとえゼロ金利の下でも、カギを握るのは（広義の）金融政策です。ポール・クルーグマン[★19]も、まず金融政策でデフレに対処して、その後に財政政策を使っていかに有効需要をつくり出すかを考えているようです。

デイヴィッド・ワインシュタイン[★20]も「デフレには金融政策が効くに決まっている。デフレになったとき緊縮的金融政策をとるなんて信じられない。日銀総裁任命に対する拒否権を誤用して白川総裁を実現させてしまった民主党は何を考えているのかわからない」と語っていました。

若田部▼少し補足すると、アメリカの学者は、財政政策については議論が大きく分かれたのですが、金融政策についてはほとんど意見が一致していました。金融政策と財政政策という組み合わせでいくと、大部分の人たちはまずは金融政策を積極的に実施すべきだという意見です。

浜田▼日本の場合はデフレ対策として、どうも財政政策に目が向いているように見えます。公共事業にこれだけおカネを出せば、これだけ雇用が増えるということが目に見えるし、選挙のとき、政治家にとって都合が良いのかもしれません。しかし、金融政策は経済全体に対して即座に効くというメリットがあります。

さらには、為替レートにはたらきかける政策も有効です。為替レートは急激に動きますが、モノの値段はゆっくりしか動きません。先ほどお話ししたように、輸出産業や輸入競争産業にとっての競争条件は急激に動く一方で、自らの製品の値段は緩やかにしか動かせません。そのことが日本の景気の谷を非常に深くした一因でした。日本経済は外需依存経済だからそうなるという意見に対しては、そうであれば為替レートを多少円安にすれば、輸出入がより敏感に反応して、景気の下支えになるのではないかと言いたい。

円高・ドル安の進行を止めたいときには、財務省は円売り・ドル買い介入を行います。その際、売った円をそのまま市場に放置していると、為替介入前に比べて国内に出回るおカネの量が増えます。通常、これを相殺するために中央銀行は国債の売りオペを行って増えたおカネを吸収します。これを俗に、為替介入の**「不胎化」**、または**「不胎化介入」**と言います。それに対して、円

★19――**ポール・クルーグマン**：1953年生まれ。アメリカの経済学者。現在プリンストン大学教授。2008年にノーベル経済学賞受賞。
★20――**デイヴィッド・ワインシュタイン**：コロンビア大学教授。日本経済の専門家だが、経済学の幅広い領域で数々の業績がある。

売り・ドル買いによって増えたおカネをそのままにしておくことを、為替介入の**「非不胎化」**または**「非不胎化介入」**と言います。

２００３年1月から04年3月にかけて、財務省は溝口善兵衛財務官の下で、35兆円にも及ぶ**巨額の円売り・ドル買い介入**を行いました。先述のように、同じ時期、日本銀行は日銀当座預金残高の目標額を引き上げてマネタリーベースを増やす政策、つまり**量的緩和**政策をとっていました。この「円売り・ドル買い介入」と「量的緩和」の組み合わせは、事実上の「非不胎化介入」と言えます。現在のデフレ・円高に対しては、このときと同じように、財務省が円売り・ドル買い介入を行う一方で、その効果を確実なものとするために、日本銀行がマネタリーベースを増やす政策を行う必要があるのです。

❖──モンダストリアル・ポリシー

勝間▼金融緩和の手段として、短期国債以外のものを買うというのは具体的に何を買うのですか。企業の社債を買おうという話もあるようですが。

若田部▼もちろん、**長期国債**をもっとたくさん買ってもいいわけです。現在は長期国債を買っているといっても、すぐに償還されてしまうような残存期間の短いものが多く、事実上、短期国債しか買っていないとも言えます。

浜田▼その事実を解明したのは、飯田泰之さんの研究★21です。これはたいへん有益な労作です。

若田部▼日本銀行はもっと長期国債を買ってもいいわけだし、必要ならREIT（リート：不動産投資信託）を買ってもいい、民間企業の社債を買ってもいいでしょう。でも現状で、なぜか日本銀行は、銀行が保有している個別企業の株式は買っているんですよね。たとえば過去にも日本銀行は2002年9月18日に銀行保有株の購入を行いました。それから2009年2月3日には10年4月末までの時限措置として1兆円ほど購入しています。

浜田▼買い入れる資産の内容を多様化していけばいいわけです。一国の中央銀行が特定の企業の社債ばかり買って、その企業に肩入れしていると見られるのは、問題があるでしょうね。だから、買い入れの範囲を多様化していくのが、気が進まないのもよくわかるけど、どうして国債以外では株式だけがいいんですかね。

若田部▼そこが不思議なところです。

元日本銀行政策委員会審議委員の中原伸之さんは、純粋な中央銀行の本来なすべきこと、「ピュア・セントラル・バンキング」でいくのであれば、長期国債だけ買えばいいという意見ですね。アメリカでも、バーナンキFRB議長やティモシー・ガイトナー[★22]財務長官が行った政策は、

★21――飯田泰之ブログ「こら！ たまには研究しろ!!」2009年5月31日（http://d.hatena.ne.jp/Yasuyuki-Iida/20090531）。

★22――**ティモシー・ガイトナー**：1961年生まれ。米財務省勤務を経て、2003〜09年ニューヨーク連邦準備銀行総裁。2009年よりアメリカ財務長官。

「マネタリー・ポリシー」と「インダストリアル・ポリシー」を合わせて**「モンダストリアル・ポリシー」**と皮肉をこめて言われています。ひん死のアメリカの住宅産業を救うために、中央銀行がそうやってバランスシートを拡大させているのではないかと言われました。

ここで注目すべきは、マネー（金融）ではなくて、インダストリアル・ポリシー（産業政策）の側面があると見られかねないということですね。つまり、中央銀行が購入資産を多様化し始めると、**個別の産業を支援**していると言われてもおかしくない。株を買うというのはたしかに**個別企業を応援**することになる。ただ、金利がゼロに近くなったときの金融緩和のやり方としては理にかなっている側面があります。でもそういう側面が嫌ならば、いちばん安全な資産である国債を買えばいいわけです。

けれども長期国債の買い入れ額を増やすべしと言うと、「日本銀行券ルール[★23]というものがあるので、大きくは買えない」などと反論する人もいます。これは、日本銀行は日本銀行券残高以上には長期国債を保有しないというルールです。じつはこのルール、法律でもルールでも何でもなくて、自らの手足を自ら縛っただけの、**単なる内規**ですよ。経済学的な根拠はまったくないと言っていいでしょう。

この内規が表面に出たのは、2001年3月19日、日本銀行が量的緩和政策に踏み切ったときでした。この自称「ルール」は、一方的に日本銀行が通告しているだけです。マネーは出すよ、だけどその額は限りがあるからね、と釘をさしたいのでしょうかね。でも、長期国債の保有額を増やすと同時に日銀券の発行額を増やせばいいのです。結局、この自称ルールで言いたいことは、**長期国債の保有額を増やしたくない**、ということなのかと思ってしまいます。

❖――「債券市場崩壊」と叫ぶ人々

勝間▼ただ、日本銀行が長期国債の買い入れを増やすべきだというと、**債券市場が崩壊する**という議論がつねに出てきます。

日本銀行が長期国債をたくさん買う。やがては国債を直接引き受けるようになる。政府は安易に国債を発行するようになって、放漫財政になる。市場参加者は、将来、国債が大量に発行されると予想する。結果として、供給が需要を大きく上回って長期国債の市場価格は下落し、流通利回り（長期金利）は上昇するというのです。

菅直人さんも同様のことを懸念されて、将来、国債の買い手がつかなくなるのではないかと心配していました。さらに政府の国債利払い負担も重くなるというのです。

★23――**日本銀行券ルール**：あるいは日銀券ルール、銀行券ルールともいう。白川総裁によると、このルールには円滑な金融市場調節の確保、長期国債の買い入れが国債価格の買い支えや、あるいは財政ファイナンスの支援を目的とするものではないという趣旨を明確にする役割を果たしているという2つの役割があり、「銀行券ルールを見直すことはない」としている（２００９年3月18日の定例総裁記者会見：http://www.boj.or.jp/type/press/kaiken07/kk0903d.pdf）。

若田部▼崩壊というのは何を指しているのでしょうね。日本銀行が長期国債の買い入れを増やすと、長期金利がどう動くのか。ある意味では不確定です。なぜなら、長期国債の需要と供給だけを考えれば、長期国債の価格は上がる（金利は下がる）はずです。けれども、市場参加者が将来インフレになると予想するようになるとか、国債が大量に増発されるとなると、長期金利には上昇圧力がかかります。

基本的には、いろいろな要素によって長期金利が変動するとしか言いようがありません。日本銀行が長期国債の買い入れ額を増やしたからといって、必ず長期金利が上がるとか、ましてや――よくわからない言葉ですが――「債券市場崩壊」は不可避などということはないでしょう。

ただし、よくインフレ予想が高まると長期金利がその分だけ上昇するという類の議論がありますが、これは誤解でしょう。もしそうだとすると、何をしても金融政策には効果はないということになる。不況で資源が余っているときには長期金利がすぐに跳ね上がるというのはないと思います。

勝間▼2010年の正月に、ある新聞の座談会に参加しました。そのなかの1人が、**「債券市場崩壊」論者**でした。その方は、リフレ政策によって国債のデフォルト・リスクが高まると想定しているようです。それを防ぐために、**「体を張って」リフレ政策を阻止**すると言っていました。

若田部▼それは財政破綻が起こりうるか、起こりえないかという話ですね。

勝間▼そこが一直線につながっているのです。日本銀行が国債の買い入れを大きく増やした瞬間に、市場は日本国債にそっぽを向いて、債券市場は崩壊し、長期金利はハネ上がり、ハイパーインフレが起こる、という理論展開になっています。

若田部▼英語のスラングで「ディープ・ポケット」という言い方があります。潤沢な資産を持っている、懐がすごく温かい、という感じでしょうか。その言葉で言えば世界でいちばん「ポケットの深い」日本銀行が買ってくれているということが、なぜいきなり債券市場の崩壊につながるのか、よくわからないですね。

勝間▼その方にしつこく確認しましたが、日本銀行が長期国債を買い取るのであっても、将来的には、放漫財政から債券市場の需給が崩れるリスクがあると言い張っていました。

❖——「体を張って」何をするのか

浜田▼そのような主張に対して、私も勝間さんの視点になって反論するとすれば、いま、これほど多くの人が失業して生活に困っている状況を傍観していてよいのでしょうか。デフレのために、政府財政、とくに地方自治体の財政が破綻しつつある。ここ数年間が大事だというときに、（柿の実がなるかならないかという）遠い将来起きるか起きないかわからない事態を口実にして、金融緩和に抵抗する。「体を張って」と言っても、体を張って国民の現在の福祉である、おむすびを奪っている。

若田部▼「体を張って」リフレ政策を止めて、それでいったい**ほかに何をやってくれるのかと**

いうことですね。日本銀行が長期国債の買い入れを増やせば財政が破綻すると言いますが、長期にわたって不況が続けば、政府は景気対策のために財政支出の拡大を迫られる。むしろ、こちらのほうが財政破綻を引き起こす可能性があります。

景気対策といっても、不況下では税収は増えないので財源が乏しい。かといって増税して財政支出をカットすれば不況を深刻化させます。**来るか来ないかよくわからない**将来のリスクにばかりこだわったがために、むしろ財政破綻の危機が増してくるのではないでしょうか。

勝間▼現実に、日本国の税収は、１９９０年の60兆円から徐々に落ち込んで、いまは40兆円台になっています。つまり、ここ20年で３分の１が消えた計算になります。このままデフレが続いたら財政破綻の可能性が高まるはずですが、なぜかそのことを議論するのではなく、消費税率引き上げを含めた**増税論議**に急展開しつつあります。

浜田▼そういった議論は、大学院に行って経済学を学んだ専門家でなくとも、学部レベルの経済学で見ても、おかしなものであることは明らかです。

❖――ゼロ金利下での金融緩和

勝間▼もう一度、整理したいのですが、貨幣を増やせば、基本的にはデフレは克服できると考えてよろしいでしょうか。

浜田▼基本的には、そういうことです。資産市場においては、個々の資産がどういう比率で存在するかによって、また個々の資産の予想収益率によって、個々の資産の値段が決まります。

非常に単純化して、「国債」と「貨幣」と「モノ」(この場合の「モノ」は何でもいいです)という、２つの資産と１つの財しかない世界を考えてみましょう。日本銀行が国債を買い入れて、その代金として貨幣を支払うと、市中の国債が減り、貨幣が増えます。そうなると国債の値段が上がり(長期金利は下がり)、貨幣の値段が下がります。

「貨幣の値段が下がる」というのは、わかりにくい言い方ですが、要するに物価が上昇する、いまの状況では**物価が下げ止まる**ということです。

ただ、ゼロ金利の下でそれが十分にはたらかないのは、ゼロ金利になると、貨幣も短期国債も資産としては完全代替になるため、それらを交換しても経済的な効果は小さいからです。簡単に言うと、たとえば１万円分の短期国債を持っている人に、日本銀行が１万円札を渡してその短期国債を買い入れたとしても、１万円の貨幣としての流動性(すぐに購買力になる性質)を除くと、ゼロ金利の下では、この人の経済行動に大した変化はないと考えてよいでしょう。

そのことを踏まえるならば、ゼロ金利の下では、日本銀行は**短期国債以外の資産**を買い進めていただきたい。しかし、日本銀行は、これに対してはずっと事実上抵抗しています。

勝間▼２０１０年４月現在、日本のコールレート(無担保翌日物)は０・１％ですが、これはゼロ金利と言ってもよいのでしょうか。

浜田▼実質的にはゼロ金利と言えるでしょう。ゼロ金利の下では、おカネを銀行に預けても、国債を買っても、非常に少ない利子しか得られません。現金が相対的に「魅力的な金融商品」になってしまいます。

若田部▼現金が魅力的になったという例で言えば、かつてのゼロ金利のときは、窃盗団が増えて、金庫が飛ぶように売れました。その背景には、富裕層の家には、多額の現金――いわゆるタンス預金が貯まっていたという事情がありました。

❖――インフレターゲットは生き残った

若田部▼貨幣を増やせばデフレは止まるというのは、基本的には正しい。問題はやはり、浜田先生も言われたように、その増やし方です。日本銀行が長期国債を買い入れてその代金として貨幣を出す、あるいはそのほかの多様な資産を買い進めれば、必ず物価水準に影響を与えます。

量的緩和を行っても、日銀当座預金が積み上がっただけだという主張もあります。いわゆる「ブタ積み」になっているという議論です。ちなみに、ブタというのは花札で価値のない札のことで、価値のないもの（資金）が積み上がっているということを指している言葉です。もっとも、花札と言っても知らない人が多いかもしれませんね（笑）。

けれども、ここには大いなる誤解があります。ブタ積みが起きるのは、日本銀行が日銀当座預金残高を増やしても、日本銀行のオペの対象が、短期国債および満期間近の長期国債を中心としていたためです。日本銀行が民間銀行から、（満期間近ではない）長期国債を買い進めれば、**民**

間銀行の資産構成により大きな影響を与えることができます。このメカニズムについては、岩田規久男先生（学習院大学教授）が的確にまとめています。

「銀行が長期国債買いオペに応じれば、その分、銀行の長期国債保有残高は減少する。したがって、銀行は長期国債買いオペに応じ続ける限り、政府または市中から長期国債を購入しなければならない。銀行が長期国債を購入すれば、それに伴ってマネーサプライは増加する。★24」

つまり、日本銀行が市中での長期国債買いオペをしないと「ブタ積み」が起きてしまうのです。

さらに言うと、浜田先生が紹介された本多佑三・関西大学教授たちの研究でも明らかなように、この量的緩和にまったく効果がなかったわけではありません。この時期には株価も上がったし、デフレも少し収まりかけました。

勝間▼私は、デフレ脱却のためには、**インフレターゲット**を導入し、**貨幣を増やすあらゆる手段**を用いるべきと主張してきました。しかし、インフレターゲットが有効であるとする学問的な根拠はない、と言う人もいますね。

★24――岩田規久男「予想形成に働きかける金融政策を――小宮論文批判（1）」小宮隆太郎ほか編『金融政策論議の争点――日銀批判とその反論』日本経済新聞社、2002年、399～400ページ。

若田部▼かつて、インフレターゲットはインフレ対策にしか役に立たないと言われてましたね。根拠に関して言えば、世界金融危機の後に、あらゆる国でデフレ懸念が生じました。ふたをあけてみれば、果敢な金融政策をとった国ではデフレ懸念は後退しました。またインフレターゲットに基づいて政策を運営した国のほうが、そうでない国よりも**パフォーマンスがいい**という結果が出ています。したがって、学問的な細部はともかく、実証的にはインフレターゲットは**デフレを防ぐ**のに対しても有効と言ってよいでしょう。

世界金融危機によって、経済学の有効性も限界もいろいろと明らかになったと思いますが、インフレターゲットは基本的には**生き残りました**。もちろん、部分的に修正する余地もあるかもしれません。

公式にはインフレターゲットを設定していないアメリカがうまくやっているじゃないか、という議論はありえます。けれどもそういう優等生を見ても仕方がないでしょう。日本の場合、いちばん「できのよい」中央銀行ではなく、まずは普通の中央銀行をめざしてほしいです。

浜田▼じつは、私はインフレターゲットに対して、あまり積極的ではありませんでした。恩師である**ジェームズ・トービン**に、彼の生前最後に会ったとき、インフレターゲットに関しても議論しましたが、「デフレ懸念やインフレ懸念が生じたときに、中央銀行がきちんとした対応をすればよいので、手足を縛るインフレターゲットまではいらないのではないか」と述べていました。恩師が言うからというわけではなく、十分に経済メカニズムを理解している中央銀行に対して、ターゲットの数値まで決めて縛る必要はあるのかということでは、トービンと同感でした。ただそれは、日本銀行がきちんとした貨幣観や、貨幣モデルを持っているという前提での話です。**日銀性善説**の上での議論です。いわば「日銀流理論」に凝り固まってしまっているようでは、考えを変えろといってもむずかしい。こういう中央銀行を前提にして、つまり**日銀性悪説**に立たねばならないとすると、中央銀行の裁量を信頼せず、ターゲットに従わなければそれを制裁する必要が出てくるのもやむをえない。

勝間▼彼らは何を基準に、金融政策のスタンスを決めているのでしょうか。

浜田▼文字通りの**「現状」**だろうと思います。世界金融危機後に生産が急速に落ち込んだときでさえも、積極果敢に金融緩和に打って出ることはしなかった。とにかく、現状のスタンスから大きく変えたくないのではないでしょうか。

もちろん、日銀総裁やその周囲のスタッフの個人的資質が問題だとする議論もできるでしょうが、私はやはり、いろいろな手段を用いて経済学者もメディアもある程度コントロールしうるような、日本銀行を取り巻く**インセンティブ・システム**に問題があるのだと思います。インフレターゲットは、それを改善するためのフレームワークです。**歌いたくないカナリヤも歌い出すようになる**と期待しているのです。

❖――ポジションによって主張が変わる

勝間▶先ほど述べた、国債買い入れ増額による財政破綻リスクについて、最近は証券会社のエコノミストもいろいろな発言をしています。「日本の財政リスクは国債相場に相当反映されているので、日本銀行がいくら国債を買いまくっても大丈夫です」というコメントも聞かれます。

債券市場にはいろいろな人がいます。日本銀行が国債を買いまくったら困るポジションの人は、債券市場崩壊、財政破綻だといって騒ぎます。右のコメントをした人は、もうポジションを変えているのでしょう。**市場関係者の言うことは結構コロコロ変わります。**

先述の「債券市場崩壊」論者は、「２００９年度は税収が40兆円を割り、国債発行は50兆円を上回る。後世に『戦時国債を発行していた』と見られてもおかしくない。日銀が動揺しだすと、市場は『返済可能と思えない戦時国債を持っていてはたいへんだ』と国債購入を拒否し、長期金利が跳ね上がる。財政危機が本物になる」と懸念していました。

若田部▶たしかに、総債務（国債発行残高）の対ＧＤＰ比率を見ると戦時中のレベルに達しているのは事実です。ただ、名目ＧＤＰが下がっているので、分母のＧＤＰが小さくなっていることも、比率が上昇した大きな原因です。最近の景気回復で、この対ＧＤＰ比の総債務残高はちょっと減ってきていましたから。

浜田▶金融緩和をサボるからこそ、短期の歳入欠陥、中央政府だけでなく地方自治体の歳入欠陥が起こるのです。
私は一般には、高橋洋一さんが言うように、日本政府はいろいろな資産を持っているのだから、**ネットの資産で考えればよい**、というのが正論だと思います。私も国債増発が望ましいとはけっして思いませんが、日本はまだそれほど心配する段階ではない。短中期の財政は金融緩和でかえって救われることになります。

若田部▼それはきちんと指摘しておくべきですね。日本の政府は世界に類を見ないほど巨額の資産を持っていますから、総債務から総資産の額を引いた**純債務の対GDP比はそれほど大きくない**。先ごろ、純債務の対GDP比で見てもイタリア並みの100％くらいに増えたというOECDの報告書が出ましたが、あそこでは資産として金融資産しかカウントしていない。政府の持っている実物資産もカウントすると、比率は60％くらいに下がると言います。これだと英米並みというところです。

❖──日本の経済学界は大丈夫か

勝間▼海外の経済学者から見て、日本の現状はどのように見えているのでしょうか。

浜田▼むずかしい質問で、直接は答えられませんけれども、日本の産業がおかしくなっているのは事実ですね。金融政策が必要なことは彼らの常識なので、この期に及んで日本銀行が金融緩和に対して臆病だとは、彼らには思いもよらない。

最近日本に来て驚いたことは、若くて優秀な経済学者たちが、デフレの問題について十分に理解していないことです。私がデフレとその弊害について話し始めると、「デフレの原因は、マクロ経済政策や金融政策の誤りではなく、構造的なものだ」とか、「このままではいつかどこかで大インフレになるはずだ。心配だ」と言う人もいました。いずれもマクロ経済学が専門ではないので、救われた気がしました。

一般に言えることですが、日本の若い人の持つ知的刺激とか、競争といったシステムがうまくいっていない。**アメリカの一流大学の経済学系の大学院に、日本人はほとんど入れなくなってしまった**のです。例外はあるにせよ、中国人のほうが英語もうまいし、とにかくよく勉強する。インドから来た人も、もちろんそうです。韓国人も適度に勉強する。残念ながら、このままでは、世界の最先端についていけなくなるかもしれません。

その原因として、インセンティブ・システムにも問題があるのでしょう。かつてに比べて、全体として少しエネルギーがなくなってきている。私にもその責任の一端があるかもしれませんが、そう感じます。日本銀行に都合の悪いことは言わない経済学者が多いのも、そのことと関係があるのでしょうか。

勝間▼じつは、実業界もまったく同じでして、過去20年、これはと思うような企業が育っていないということが、つねに議論になっています。片隅のほうで携帯系とか、インターネット系が立ち上がっている以外は、まともに育った企業は非常に少ないですね。それでは、産業の新陳代謝が起きるわけがないと思います。日本では、システムとして**新しい成長企業を生み出す仕組みになっていない**のではないかと思います。

浜田▼日本の経済学でも、ゲーム理論の分野では優秀な人材がいますし、マクロ経済学、計量経済学、そして最近は経済発展論でも少数ながら世界的に活躍している人もいます。しかし、かつての宇沢弘文先生、根岸隆先生（ともに東京大学名誉教授）、稲田献一先生（大阪大学名誉教授）といった先生方が、**世界の学界の台風の目**となっていた時代を懐かしく思うのは、私が年寄りになったせいでしょうか。

コラム　ミクロ経済学とマクロ経済学

経済学の2大部門がミクロ経済学とマクロ経済学です。ミクロとマクロの違いは、何よりも視点の違いにあります。ミクロでは、「小さく」、マクロでは「大きく」見ます。

たとえばミクロでは、1人ひとりの消費者や1つの企業の行動から出発して、1つ1つの財やサービスの市場を分析します。この意味でミクロの視点は「1つ1つ」の経済主体にあると言ってよいでしょう。

対してマクロでは、消費者や企業を全体として集計したものとして考え、そこから一国経済全体の経済活動を分析します。マクロの視点は「集計した」全体にあると言ってよいでしょう。

たとえば、牛丼の値段や散髪代がどう決まっているかを考えるのは、ミクロ経済学、経済全体の物価水準がどう決まっているかは、マクロ経済学の観点です。ある企業が利益を挙げているかどうかを考えるのはミクロ経済学、日本人の所得がどう決まっているかを考えるのはマクロ経済学の観点です。

この2つの経済学の関係はいつも問題になってきましたが、最近ではミクロ経済学と整合的なマクロ経済学の構築という研究方向がさかんになっています。

（若田部）

第2章

こうすれば デフレは止められる

勝間▼ここで前章の議論を整理したいのですが、**デフレの原因**について、新興国から安価な輸入品が入ってきたからだとも言われています（輸入デフレ論）。それは**経済学的には間違い**であるという理解でよろしいのでしょうか。

若田部▼前章で述べたように、衣料と食料とパソコンがあって、もし衣料が安くなって、おカネが余ったら、それで食料を買ったり、パソコンを買ったりするかもしれない。必ずしもデフレになるとは限りません。それと実証的にも、もしも新興国からの安価な輸入品が原因ならば、グローバル化の進んだ世界中がデフレでなければつじつまが合いません。でも、先進国でデフレなのは日本だけです。

❖——貨幣をストックとして考える

浜田▼ここから先は、やや上級レベルとなりますが、なるべくわかりやすく説明してみましょう。むずかしいと思ったら読み飛ばして下さい。

私たちは、資産として何をどれだけ持とうとするかを決めるとき、資産の**実質的な収益率**に基づいて判断します。

単純化のため、日本円、日本国債、米ドル、米国債という4つの資産だけの世界を考えてみましょう。リスクをできるだけ小さくして、かつ、より多くの収益を上げようとすると、これら4つの資産をどういう割合で持てばよいのかということになります。これを考える経済学の分野は**「資産選択理論」**と呼ばれています。私の恩師である**ジェームズ・トービン**は、この資産選択理論の創始者の1人です。

この理論に基づくと、それぞれの資産が市中にどういう比率で存在するのか、そして、それぞれの資産のリスクと収益、そしてその相関がどれくらいかによって、資産間の相対価格、たとえば日本円と米ドルの相対価格として、円/ドルレートが決まります。

これは、**ストックに着目**する考え方ですが、これに対して、貨幣や債券の需要と供給によって価格が決まるという見方は、**フローに着目**する考え方です。たとえば、より多くの人たちが国債を買いに市場に出てくれば、国債の値段は上がる（金利は下がる）と考えるわけです。

両者は、考え方は違いますが、均衡では、資産選択理論に基づく価格決定でも、需要と供給に基づく価格決定でも、双方の間に矛盾は生じないはずです。ところが、クヌート・ヴィクセル[★1]は、双方が矛盾なく運行するような状態は、必ずしも多くはないと考えました。そしてトービンも、ストック市場の株式の価格がいくらであれば、フローの市場の投資と貯蓄が完全雇用を達成する

★1——クヌート・ヴィクセル：1851〜1926。スウェーデンの経済学者。主な著書に『利子と物価』。

ように決まるのかを研究しました。

しかし、若い世代の経済学者のなかには、ストックの市場の変動はフローの市場には影響を与えないという前提で考える人たちもいます。ＲＢＣ（実物的景気循環論[★2]）の極端な支持者です。たとえ株式市場が大きく変動しても、実体経済には影響はないはずだと言うのです。

実際には、世界金融危機で最も派手に下落したのは資産価格でした。それが**所得、消費、雇用に大きな悪影響**を与えたのです。

❖——買い入れる資産を多様化することが重要

勝間▶いまのお話の流れで言うと、**円／ドルレートの変化は、実体経済に大きな影響**を与えるはずですよね。

浜田▶そうです。石油製品などを除けば、普通はフローの価格は大きく変動することはありません。他方でストックの価格、たとえば円／ドルレートは、１ドル＝１２０円から1ドル＝80円になることもあります。３割も円高・ドル安になるわけです。円高になれば、日本の輸出企業は、円建ての受取額が目減りして売り上げが減少し、苦境に陥ります。純粋な輸入産業や、海外旅行者には円高はよいのですが、輸入競争産業も大打撃です。海外と競争している日本の繊維産業の苦しみを考えてください。

勝間▶人々が保有する貨幣や債券といった資産の量が変化すると、資産の相対価格が変動するというお話ですが、日本銀行はどうやって貨幣を増やせるのでしょうか。

浜田▼最も劇的な手法は、財務省が発行した国債を日本銀行が引き受けて、それを元手に財政支出を行うことですね。支出の仕方として、やはり最も劇的な手法は、全世帯に現金を配ることですね。

そこまで劇的な手段でなくて、普通は**公開市場操作**という方法で貨幣を供給します。日本銀行がマーケットで短期国債や長期国債、あるいは民間企業の社債を買う。さらに広げて、外貨を買うという選択肢もあります。法制上は、外為市場への介入は財務省の管轄とされていますが、財務省が国債を発行し、日本銀行がその国債を引き受けて、財務省がその資金を元手にドルを買えば、同じ効果が得られます。

先述のように、ゼロ金利下では、短期国債は貨幣と代替性が高くなって、貨幣と短期国債を交換しても大きな影響を与えない可能性があります。ですから日本銀行は、**買い入れる資産を多様化**する必要があるのです。

勝間▼日本銀行が、市中にある民間の資産を買い入れることで、固定化していたものが流動化する可能性があるわけですね。

浜田▼まさにそのとおり。日本銀行が、短期国債のかわりに長期国債といった、貨幣と性質の

★2——RBC：Real Business Cycle。実物的景気循環論。マクロ経済学の景気循環モデルの1つ。

違う資産を買うと、金融政策としての効果は大きくなります。

勝間▼たとえば、亀井静香・金融・郵政改革担当大臣は、中小企業が発行する社債を買い取るという話もしています。これもまた「貨幣とは性質の違う資産」の1つですね。

浜田▼ほかにも、REIT（不動産投資信託）などが挙げられます。けれども、日本銀行もよく指摘するように、それをやると、**資産価格に歪みが生じる**可能性があります。日本銀行が明日、ある特定のREITを買うとか、ある特定の株式を買うといったことがもし市場に知られると、それを見越した動きがいっせいに広がります。

だから、日本銀行が買い入れる資産を多様化したくないという気持ちもわからないでもありません。しかし、企業の生産が落ち込んで多くの人々が失業しているという切羽詰まった状況ですから、国民の福祉も考えてくださいと言いたいのです。

勝間▼国債を含めて、現在、日本はストック過多になっている、それを日本銀行が買い取って、やわらげるイメージですね。**日本にはこんなに資産があるのに、なぜ経済は停滞しているのか**ということが、いつも議論になります。

若田部▼その意味では、人々が貨幣に執着しているのだと思います。貨幣はたくさん持っていても、なかなか使ってくれない。

❖──デフレは人々が貨幣をもっと持とうとしている状態

勝間▶預貯金など、金融資産としての貨幣に執着しているのですね。

浜田▶そこに問題があります。前章でもお話ししたように、モノに対する需要が過小でモノが売れないということは、貨幣に対して超過需要がある、つまりみんな**貨幣にしがみつこうとしている**のです。

勝間▶日本銀行が一生懸命、市中からいろいろなモノを買い取って貨幣を増やしたとしても、結局、みんなの**タンス預金が増えるだけ**で、ちっとも物価は上がらないのではないか、という反論もあります。

浜田▶ええ。日本銀行が貨幣と同じような短期国債を買っている限りは、そういう可能性もあります。

勝間▶そうすると、極端な話をすると、日本銀行が資金繰りに困っている中小企業の社債を買えば、そのおカネはたしかに、タンス預金になるのではなくて、何かに使われる可能性が高いですね。

浜田▶日本銀行が中小企業の社債を買えば、彼らの投資活動などに資金を供給することになります。たしかに副作用はありえますし、日本銀行はどの企業を救うのかを選べるので恣意的にならないのか、という問題はありますが、**貨幣と代替的ではない債券**を買うことには**大きな効果**があります。そのなかで最たるものは、ドルやユーロといった外貨です。

❖――ハイパーインフレは起きるのか

勝間▼そうして日本銀行がいろいろな資産を買い進めていくと、やがてはハイパーインフレになると言う人たちもいます。

浜田▼1つの言い方としては、「いろいろ考えても、そんなにすぐにハイパーインフレになることはない、だから心配するな」ということです。しかしここでは、あえて開き直って、「現在の事態がこれほどひどいのだから、**将来起きるかどうかもわからないハイパーインフレ**を心配するのはいかがなものか」と言ってよいかもしれません。それに対して日本銀行は、将来の柿の実のため、いまは、おむすびをあきらめよと言っているのです。

ゼロ金利の下で、いわゆる「流動性の罠」という状況から、日本銀行が買い入れる資産を多様化して貨幣を増やしていけば、いつかは物価も賃金も上がり始めて、徐々に好循環に向かっていくでしょう。そのときには金利も上がるでしょう。

若田部さん、歴史的に見て、大不況から立ち上がるときに、ハイパーインフレは起きていますか。

若田部▼1930年代の世界大不況からの回復過程でも、その後にハイパーインフレは起きていません。実際に**ハイパーインフレ**が起きるのは、**敗戦や革命**といった時期です。歴史上おそらく最初のハイパーインフレと言われているのは、フランス革命のときで、貴金属の裏づけのない不換紙幣（アッシニア紙幣）の増発が原因でした。あれほど社会経済的に混乱している時期に、紙幣の増発によって財政支出をまかなえば、ハイパーインフレになるのは確実だと思います。

しかし、大不況のようにモノが余っている、失業者があふれて生産力も余っているときに貨幣を増やしても、多少インフレにはなりましたが、**ハイパーインフレにはなりません**でした。現在から見れば、むしろ貨幣の増やし方が少なくて大不況からの回復が遅れたと言ってもよいくらいです。

ですから、現在の日本で、貨幣を増やせばハイパーインフレになるなどと心配することはないという気はします。たとえば長期国債を買っていけば、その分だけ財政が一息つける。それからマイルドなインフレになれば、経済全体には**もっと良いことが起きる**と思います。

浜田▼ただ、インフレが始まってくると物価が上がり出す、あるいは上がると予想されると、金利が上がり始める可能性はあります。日本銀行は、策略として言っているのかわかりませんが、少しでも長期名目金利が上がると、もうインフレが心配だと言い出します。いまの状態で**そんなことを心配することはない**と思います。

ここでも貨幣錯覚に基づく議論が横行しています。長期金利が少し上がっても、予想インフレ率が上がれば、フィッシャー方程式（本章末コラム参照）が働いて、実質金利は下がって、経済にはプラスの効果があります。

❖――大恐慌からの回復でも長期金利は上がらなかった

浜田▼また日本銀行は、財政のことをしきりに心配しています。自分たちが不十分な金融政策しかやっていないことは棚に上げて、金融政策を引き締めておけば財政は悪いことをしない、放漫財政になるのは抑えられる、と言っているのです。

勝間▼前章で述べた「債券市場崩壊」論者が言うように、日本銀行が財務省から国債を直接引き受けて財政支出が無制限となり、しかもその支出がムダなものに使われて……ということにでもなれば、日本銀行券（日本円）に対する信用、日本政府に対する信用が失墜して、もしかするとハイパーインフレが起きるのかもしれません。でも、そういう主張をする人たちは、「政治家も日本銀行も財務省も、あるいは世論も、誰も彼もが事態を放置して止めない」と想定しているのでしょう。

市中に流通している長期国債を買い取っている限りは、ハイパーインフレは起きないということでしょうか。

浜田▼私はそう思います。長いデフレの後でインフレになる前には、物価安定の局面があるのですから。そこで踏みとどまるために、日本銀行のスタッフたちは**給料をもらっている**のです。火事の兆候があれば、そのとき水をかければよいのです。ポール・クルーグマンも言うように、**大洪水**の最中なのに、後で**火事になる**と心配して、**ホースで水をまいている**のが、いまの日本銀

図2-1●昭和恐慌前後の長短金利の動き

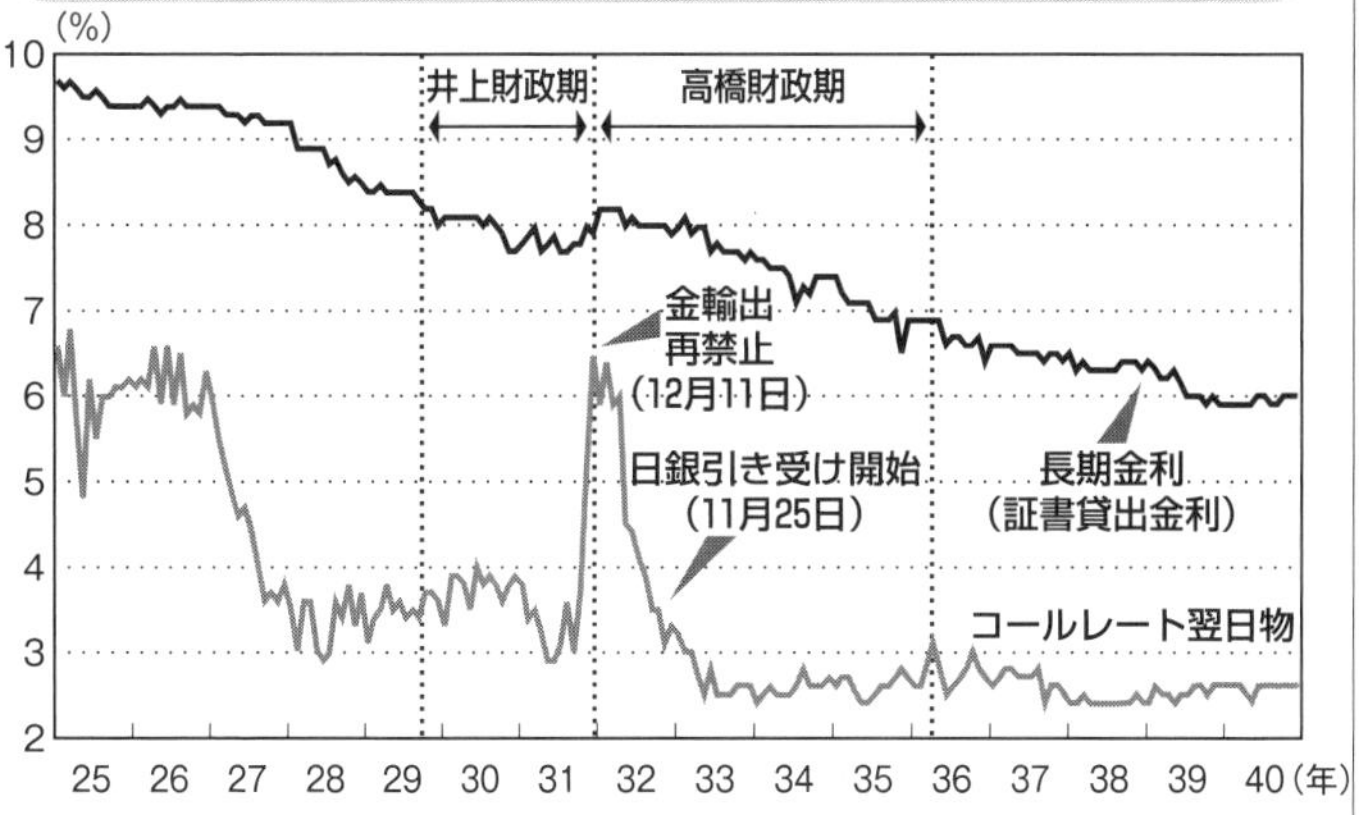

（出所）岩田規久男編著『昭和恐慌の研究』東洋経済新報社，2004 年，180 ページ．

行です。

若田部▼昭和恐慌や世界大不況からの回復過程でも、長期金利が急激に上がったわけではありません。むしろ昭和恐慌から脱出に至る当時の長期名目金利は、むしろ下がっているくらいです（図2−1）。

「それは過去の歴史の事例であって、いまのデフレに当てはまるかどうかわからない」と言われるかもしれませんが、理論的にはおそらく、多くの失業者がいて、機械設備も遊休化しているときには、いわゆるフィッシャー方程式の読み方には注意が必要ということですね（本章末コラム参照）。

浜田▼貨幣数量説[★3]に基づく単純化された図式では、貨幣が増えれば、それに比例して物価水準も上がるということになりますが、じつはそう簡単ではありません。先述のように、市中に存在するさまざまな資産の比率や、資産の収益率が変わることによって、みんながどの資産をどれだけ持ちたいかも変わり、そのなかで貨幣に対する需要も決まるのです。これが資産選択理論の教訓です。

とはいえ方向としては、デフレのときには、日本銀行は長期国債や社債、株式などの資産を買い入れて、貨幣を増やし、名目金利をできるだけ下げるといった一連の政策をとるべきですが、日本銀行はどうも本腰を入れているようには見えません。

❖――日本銀行券の裏づけは何か

勝間▼ではここで、貨幣について少し基本的なことを質問します。**金本位制**は、たとえば1万円札は金何グラムと決められていて、実際に日本銀行に1万円札を持って行けば、何グラムかの金と交換してもらえるという制度ですよね。

現代の日本は金本位制ではない。この場合、日本銀行券の裏づけとして何らかの担保があるのでしょうか。**日本銀行券**は、どのようなものとして理解すると、いちばんわかりやすいでしょうか。

若田部▼**日本銀行券の最終的な裏づけ**は何かというと、**日本国政府**です。日本国政府が徴税によって得る税金が担保となっているのです。たとえば紙幣を発行すれば額面価値と製造原価の間に差額があります。これをシニョレッジ（通貨発行権）と言いますが、1万円札の製造原価が20円くらいと言われるので、シニョレッジは9980円。これはじつは、形を変えた税金です。結局9980円を払っているのは、この1万円札を使っている国民だからです。

だから、日本銀行は、独占的に通貨を発行することで利益を得ることができますが、なぜそれができるのかというと、それは究極的には日本国政府に主権があって、税金を徴収できるからとも言えます。

そうすると、日本銀行券の担保は、突き詰めて言えば、それは**日本国政府の持っている徴税能力**、まさに**日本国の主権の力**そのものです。日本銀行がかりに欠損を出したら、政府が補填できる仕組みになっています。いまは日本銀行納付金という形で、日本銀行の儲けを政府に納めるようになっています。全体として見ると、最後は政府が支えています。

浜田▼日本銀行が金融を緩和して長期国債の買い入れ額を増やすと、財政が放漫化してやがては破綻する、という議論をする人もいるようですね。その議論に基づくと、日本銀行は日本の財政が破綻しないようによく考えて、国民のために金融政策を引き締めている、ということにでもなるのでしょうか。

★3——**貨幣数量説**：貨幣の価値（物価水準）は貨幣の供給と貨幣に対する需要で決まるという理論。これが長期的には、貨幣に対する需要が一定の場合、貨幣の供給だけで貨幣の価値が決まるという議論になる。ただし、短期的には貨幣に対する需要が変化することがありうるので、その場合には貨幣の供給だけでは貨幣の価値が決まらないことが起きる。長い経済学の歴史では、貨幣数量説という名称の下で、長期における関係だけを指しているのか、それともそれ以外の場合も含んでいるのか定義に混乱が生じている。

勝間▼だから日本銀行はバランスシートをなるべく大きくしないで、貨幣も増やさないようにしているというわけでしょうか。しかし、日本銀行はもっと貨幣を増やすことができるのに、と思います。将来、来るか来ないかわからない財政破綻を心配して、目の前の苦境に陥っている人たちを放っておいていいのでしょうか。

❖――金利を上げたければ下げろ

勝間▼日本銀行が貨幣を増やしたとき、金利は下がるのでしょうか。それとも上がるのでしょうか。

浜田▼普通は貨幣が増えれば、金利は下がります。しかし、貨幣が増えたことで将来のインフレ予想につながる場合には、上昇することもあります。

若田部▼ここは、よく論点になりますね。経済学では、**「金利を下げたければ上げろ、上げたければ下げろ」**という言い方をすることもあります。短期では貨幣を増やせば金利は下がるはずですが、その先で将来インフレが起きると予想されるようになると、金利上昇圧力がかかります。だから、もし日本銀行がそれほどまでに金利を上げたいというのなら、いま下げればいいじゃないか、と言うのですが、それも日本銀行は受け入れないようですね。

勝間▼根本的な質問ですが、デフレやインフレ、あるいは物価水準というものは、日本銀行が金融政策によって、ある程度コントロールできるものと考えてよいでしょうか。

浜田▼そう思ってほしいわけです。**日本銀行には、そう思っていただきたい**。しかし彼らは、少なくともコントロールできるとは言いたくない、というのが本音ではないでしょうか。

勝間▼絶対言わないですね。

若田部▼そこは、彼らはつねに曖昧にしていますね。前章で勝間さんが挙げた「3年間にわたってデフレが続く」という見通しも、あくまで「見通し」であって評論家的なもの言いですね。将来の物価の動向に自分たちが主体的にはたらきかけようとする意思はまったく見えません。

勝間▼そうですね。オッズを決める**元締めなのに、何が「見通し」か**、と強く思います。

若田部▼菅直人・副総理兼財務相のスタンスが、デフレ脱却を重視するように変わり始めてから、かつて日本銀行政策委員会審議委員を務め、日本銀行内部で人望がきわめて厚いと言われる植田和男・東京大学教授は、「ハードルをもっと高くして、たとえば物価が1%上がるまで利上げはしないというのも一案」と述べています。[★4] もしかするとこれは、日本銀行から政治家・世論に対するシグナルととらえられなくもない。インフレ率1%という目標なら受け入れてもよい、ということかもしれません。

勝間▼とはいえ、以前から、消費者物価上昇率には**上方バイアス**があるので、1%では足りな

★4――清水功哉「金融緩和で新手法、日銀『追加』の余地確保、対象金利拡大や供給増額」『日本経済新聞』2009年12月5日。

いと言われていますね。

消費者物価指数には、安売りの影響や製品の質の向上の影響が考慮されていないので、統計として発表される消費者物価上昇率は、「真の値」よりも1％程度高く出ているのではないか、と言われています。だとすると、消費者物価上昇率1％は、じつはゼロ％ということになります。であるとすると、消費者物価上昇率1％を目標とすると、「真の値」ではゼロ％が目標ということになるので、ちょっと下振れしたらすぐにデフレに陥ってしまう可能性があります。それを避けるには、もう少し高めの目標がよいのではないか。ＩＭＦのオリヴィエ・ブランシャール[★5]も、目標とすべきインフレ率は４％と提案しています。

若田部▼ブランシャールの議論はこうです。たとえば、インフレ率２％を目標としていたにもかかわらず、経済に何らかのショックがあってデフレ不況に陥ってしまった。そのとき金融政策は、迅速に金利を引き下げて、デフレ不況に対処しなければなりません。しかし、これまでの日本の経験から明らかなように、いったんデフレ不況に落ち込んでしまうと、名目金利の引き下げの余地が小さくなってしまう可能性があります。そうならないためには、平時からインフレ率４％くらいの少し高めの目標を設定したほうがよいのではないか、という議論ですね。

日本の例などを見るにつけ、十分にありうる議論だと思います。もっとも、ブランシャールの元同僚で現在イスラエル中央銀行総裁でもあるスタンレー・フィッシャー[★6]などは「今回の危機かられわれはいろいろ学んだ。その1つは、**ゼロ金利になっても超緩和政策がとれる**ということだ」と言うし、またインフレ目標を上昇修正すると今度は目標値を徐々に上げすぎる危険性があるのではないか、と言っています。[7] ただ2人には違いもありますが、じつは**物価の安定には金融政策が大事**だ、というところは同じです。

❖――「寛政異学の禁」のごとき思想統制

勝間▶諸外国の経済政策の決定過程と、日本の決定過程はどう違うのですか。

浜田▶前章で述べたように、これから1年間かけて、まさにそのテーマを研究しようと思っています。日米の経済政策の関係者や経済学者にも、聞き取り調査をする予定です。勝間さん、若田部さんにもご協力いただけるとありがたいです。

経済学と経済政策の関係について言えることは、アメリカでは、さまざまな経済問題に対して、経済学者の間での意見対立はあっても、おおよそここまではみな一致するという、**常識**と言った

★5――**オリヴィエ・ブランシャール**：1948年生まれ。マサチューセッツ工科大学教授を経て現在IMF調査局長兼チーフ・エコノミスト。

★6――**スタンレー・フィッシャー**：1943年生まれ。シカゴ大学教授、マサチューセッツ工科大学教授、世界銀行エコノミスト、IMF副専務理事等を歴任し、現在イスラエル中央銀行総裁。

★7――「世界経済の回復、本物か――イスラエル中銀総裁フィッシャー氏」『日本経済新聞』2010年3月29日。

らよいのか、**コンセンサス**はあります。

アメリカで、大統領経済諮問委員会などに入って経済政策の策定に携わる経済学者たちは、そういった経済学者の間の常識やコンセンサスを踏まえて議論します。それに対して政治家たちは、自らの支持母体の利害に基づいて抵抗する。そこで葛藤が起きるのです。私の恩師であるジェームズ・トービンも、1961～62年に大統領経済諮問委員を務めていました。

私の予備的仮説ですが、日本の場合は、そういう「経済学者たちのコンセンサスと政治的利害との対立」といった構図にはなっていないのではないか。じつは経済学者たちは、貨幣の入った経済モデル、そこでの経済政策について**間違った理解**をしているのではないかと思います。私はこの仮説が正しいのかを、客観的、学問的に、1年間かけて研究してみようと思っています。

さらに金融政策について言うと、やろうと思えば日本銀行が**経済学者たちの「世論」を操作できる**ようなシステムになっていて、日本銀行に都合の悪い研究をしないように、あたかも元日本銀行政策委員会審議委員の中原伸之さんの言う「寛政異学の禁」のような「思想統制」をしているのではないか、というのが私の予備的仮説です。

とくに最近、このような操作がはたらいているのではないかという感覚を持っています。前章でもお話ししたように、私がデフレや金融政策について議論しようとしても、多くの経済学者たちが口を閉ざしてしまうのです。

学者たちのアイデアをコントロールするのも、ポリティカル・ゲームの1つだと言ってもよいかもしれませんが、そういうとらえ方ではすまない問題です。アメリカで経済学者が、FRBがどんなに貨幣を出してもインフレにはならないなどと言ったら、まともな発言とはとられないわけですが、日本では、そういう発言が堂々とまかり通っています。

勝間▼政治家も、メディアも、そして経済学者たちも、**日本銀行の独走**を許してしまっている。そういうところが、諸外国との違いでしょうか。

若田部▼アメリカでも似たようなことはあると言われています。たとえばローレンス・H・ホワイトという、現在ジョージ・メイソン大学の経済学者が論文を書いています。[★8] FRB所属のエコノミストや客員研究員になる学者は数も多いですし、関係者が有力専門誌の編集委員を務めていたりして、貨幣・金融・マクロ経済学の研究に大きな位置を占めています。

ここまでは疑問がないところでしょうが、ただ具体的な内容にどういう影響があるかについては確定的ではありません。それと、後で述べるように各地の連邦準備銀行の間で競争があるので、アメリカの場合、かりにFRBの影響があったとしても、意見の多様性も保障されているという気はします。

★8——White, Lawrence H., "Federal Reserve System's Influence on Research in Monetary Economics," *Econ Journal Watch* 2 (2), 2005 (http://econjwatch.org/articles/the-federal-reserve-system-s-influence-on-research-in-monetary-economics).

❖――強すぎる独立性という大問題

勝間▼日本に関して言えば、1997年の**日本銀行法の改正**（98年施行）で、必要以上に独立性が強化されたことが、大きな問題ですね。

若田部▼そのとおりです。いくつかある改悪のうち、必要以上の独立性の強化は、手痛い改悪だと思います。

歴史的には、日本銀行はずっとメディアの同情を買っていました。悪いのは旧大蔵省（現・財務省）で、彼らは日本銀行を子会社のようにして、したい放題しているという論調でした。それにまったく根拠がなかったとも言えません。その上、1995年には旧大蔵省の接待スキャンダルがあり、住専問題や不良債権処理といった、さまざまな問題が山積して、大蔵省バッシングの嵐が吹き荒れました。その渦中で日本銀行法の改正が浮上してきました。

いまになって不思議なのは、**物価の安定についての定義がどこにもなされていなかった**ことです。1997年にイングランド銀行が独立性を確保したときには、インフレターゲットが採用されていました。なぜ日銀法改正のときにはインフレターゲットの話が出てこなかったのか。もう少し景気が急速に落ち込んでデフレ懸念が本格化した時点で改正の話があれば、別だったかもしれません。残念ながらそうした議論もなく、日本銀行にはポンと**強力な独立性**が与えられました。

浜田▼かつては「スリーピング・ボード」と揶揄された日本銀行政策委員会も、新日銀法の下では、日本銀行の金融政策をきちんとモニターする、守り神としての役割が与えられたはずでした。しかし現状では、政策委員会審議委員という地位が、日本銀行の事務局が**経済学者たちをコントロールする道具**になっているのではないかと疑われます。それでは本末転倒という気がします。

若田部▶その審議委員は、法律上は内閣が任命して、衆議院・参議院がそれに同意して決まります（実際には、日本銀行が推薦する人たちのなかから選ばれているようです）。この仕組みの下でも政府による統制は可能ですが、残念ながら統制がはたらくのは「再選されるかどうか」というときだけです。

その観点からは、むしろ在任中の業績審査と再選の仕組みをうまく活用する手もあると思います。ある審議委員が、次の任期も務めたいと思っていれば、任期中は国民経済にとって有益な判断をして、内閣や国会や国民から支持されるよう心がけるでしょう。しかし1期務められれば十分ということでは仕事に身が入らないかもしれません。これでは、**統制の仕組みとしては弱い**と思います。

勝間▶日本銀行の政策委員会審議委員は、諸外国と比べて、経済政策の専門家集団として満足できる人選なのでしょうか。

若田部▶どうでしょうか。経済学者の間では超一流といってよい優秀な方々も入っていますが、その人たちが実力を発揮できているかどうか……。メンバーのうち何人かは、産業界枠、金融枠、女性枠といった**特定の枠**があって、そこから選ばれているとも言われています。これは政府の審議会などと同じですね。

浜田▶日本銀行の意に沿う人たちが選ばれるようなシステムでなければ、外部から人が来るのはよいことだと思います。

❖――経済財政諮問会議は役に立ったのか

勝間▶民主党政権に代わって、**経済財政諮問会議**は、国家戦略室の誕生とともになくなってしまいました。この会議は役に立っていたのでしょうか。

浜田▶私もオブザーバーとして諮問会議に参画していましたが、非常に鋭い質問ですね（笑）。諮問会議には、政策決定過程を、国民に見えるようにある程度、透明化することによって、誰が抵抗勢力なのかが明らかになったという面はあったでしょう。役人はやはり、自分でコントロールできないとおもしろくない。だから自分からはよろいを脱ぎたくない。そのよろいをいかにして外していくかという過程として見ると、おもしろかったと思います。

牛尾治朗さん、奥田碩さん、本間正明さん、吉川洋さんといった人たちがメンバーであった時期は、かなり活気があったと思います。しかも2001年4月に**小泉純一郎**さんが首相に就任してから、**雰囲気が一変**しました。私は間近で見ていましたが、みなさん意欲を持って、これまでの政策決定過程を変えようとしていました。ところが、安倍政権以降、急速に役人に任せるようになってしまったとも聞いています。

若田部▼おっしゃるとおりです。もともと、森喜朗政権下の2001年1月に経済財政諮問会議が設置されたときには、茶飲み話でもしようという趣旨だったらしいです。当時は財務官僚たちも、諮問会議が司令塔のようになって、財政について諮問会議で決めるようになるとは思っていなかったようです。

「骨太の方針」も、当初は「骨抜き」にすることが前提の方針にすぎなくて、大した成果はなかった。それを変えたのは、小泉政権の経済財政担当大臣だった**竹中平蔵**さんですね。竹中さんが、骨太の方針というのを逆手にとって大枠の議論はこちらでしてやれ、と経済財政諮問会議で**先手をとる**ような議論をし始めた。それが可能になったのは、諮問会議の議長は首相が務めることを活用したことと、小泉首相が竹中さんを信頼して自由にやらせたことが大きい。それと竹中さんには、高橋洋一さんなど、**官僚に対抗できる優秀なブレーン**がいました。

勝間▼それが安倍内閣以降は、再び「骨抜き」となって、本当に茶飲み話の場に戻ってしまいましたね。

浜田▼実際に、経済財政諮問会議で世の中を変えるような改革ができたかどうかは、よくわかりません。少なくとも、政策決定に際して国民と「対話」を持つ場であったという点は、評価してよいと思います。**一般的な意味での「構造改革」**は、マクロ経済政策とは別に、いつでも必要なものだと思います。民主党が、自民党に対抗するために構造改革をすべて批判するような論調なのは、おかしいと思います。

❖──法学部の論理、経済学部の論理

勝間▼法学部出身者と経済学部出身者の思考の違いについては、岩田規久男・学習院大学教授も『日本銀行は信用できるか』（講談社現代新書、2010年）という本で指摘されています。諸外国でも、この違いに着目する議論はあるのでしょうか。それとも日本特有のものですか。

若田部▼アメリカでも、ロイヤーとエコノミストとは考え方が違うという議論は、いくらでもあると思います。たとえばオバマ大統領もヒラリー・クリントンもロースクール出身で、ハーバード・ロースクールとイェール・ロースクールの対決と言われました。上院議員も下院議員も、圧倒的にロイヤーが多いですね。そういう状況で、経済学者が政策に関与するとなると、ロイヤーとは考え方が違うという議論もありうるのではないでしょうか。

ただ、日本の場合、ロイヤー対エコノミストという構図とも少し違うのかなと思います。法学部出身者の思考というより、あえて言えば **「東大法学部的な思考」** ととらえたほうがよいでしょう。日本銀行も、東大法学部の優秀な人たちが就職する官僚組織のうちの、選択肢の1つ、という見方ができます。

アメリカでは、FRBはそういう存在ではないと思います。ロースクール出身者で野心のある人は、弁護士になり、政治活動を経て議員を志すといった道を選びます。エコノミストはFRB

に行くでしょうが、ロイヤーはＦＲＢに行っても、出世コースでも何でもないですからね。

勝間▼中央銀行スタッフの出自が違うわけですね。

若田部▼日本の政策決定の話で言うと、日本とアメリカでは、**官僚機構のあり方が違う**のでしょうね。日本銀行と言うと、われわれ経済学者は中央銀行と思ってしまいます。東大法学部の人にとって、日本銀行は中央銀行というイメージがあるかどうかわからないですね。

勝間▼財務省や他の中央官庁と同種のものという認識でしょうか。

若田部▼日本のトップクラスの官僚組織の１つというイメージのほうが強いのかな。傍目から見ていると、そう感じます。

浜田▼アメリカでは、ロイヤーになるために必ず弁護士として実際に法廷で訓練を受けますね。日本では、日本銀行に行く人や財務省に行く人は、そうした訓練は受けずに入ってきます。私は東大の法学部も経済学部も卒業しているので言いにくいのですが、それなりに難関をくぐり抜けている人たちですから、東大法学部出身者は、議論がうまくて頑張りが利く人が多いですね。

ただ一般的には、**法の論理と経済の論理はまったく違う**ものです。法の論理というのは、訴訟に勝つために、あるいは行政行為が訴えられないために、一定の結論を出すために「正当化する」、言葉は悪いですが「理屈をつける」という面があります。

「理屈をつける」というのは、ためにする論理ということです。たとえば、ある機関が、「貨幣をどれだけ増やしても物価水準は変化しない」と決めたとしましょう。それに「理屈をつける」

ことはいくらでも可能です。

それに対して、経済の論理では、事物が実際に機能するかどうかを問うことが必要となる。どんなに理屈は良くついていても、「だったら、本当にそうなりますか」と問うことができる。

私は、法学部出身者の思考法はだめで、経済学部出身者の思考法はよい、などと言うつもりはありません。紛争のまともな解決には「ためにする論理」も重要です。しかし、日本銀行が経済学の常識とはかけ離れた理屈を言い出して、それを正当化するために研究スタッフを動員しているとすれば、経験則の重要な経済の世界に、法学部的な目的的論理、「ためにする論理」を混入していることになります。

もう1つ、法学部出身者の特徴があります。議論に負けそうになると、彼らは**「手続論」**をやるのです。実質的な議論で負けると思うと、これは手続上問題があるというわけです。

❖――海外からどう評価されているのか

勝間▼法学部を出た人が日本銀行に就職した場合、どれくらい経済学のトレーニングを受けるのでしょうか。

若田部▼日本銀行では、理論研修も海外留学もありますね。最近は経済学部出身者が増えていますし、アメリカの大学で経済学のPh.D.（博士号）をとっている人たちもいます。最近は、状況が変わってきているかもしれません。

浜田▼じつは私も東京大学法学部で、法学部生向けの経済学の講義を担当していたこともあります。「日本銀行に入った連中に**きちんと経済学を教えなかったのか**」などと言われそうですが（笑）。

日本銀行の人たちも、頭脳明晰ですから、彼らが経済学を勉強していないとは思えません。旧経済企画庁や内閣府の場合、人事システムがローテーションになっていて、ゼネラリストとして育っていきます。統計、計量経済、金融論といった分野の専門家でも、専門分野とは関係なく、2〜3年でどんどん異動していきます。それに対して、日本銀行は5年くらい同じ部署にいるので、じっくりと勉強することができます。

日本銀行は、専門家養成のシステムとして見ると、財務省、経済産業省、内閣府といったほかの省庁と比べて、抜群に良いと思います。しかし、そこで時間をかけて一人前になった人たちが、「理屈をつける」ことに熱心になるのであれば、それは大いに問題です。

若田部▼日本銀行に入ってから海外留学してPh.D. をとるというのは、かなり独特な人材育成法ですね。アメリカでは、先にPh.D. をとってからFRBに入ります。

しかもアメリカの場合、連邦準備銀行が全米の各地区にあって[★9]、連銀ごとに中心となる経済学

★9——各地区の連邦準備銀行：ボストン、ニューヨーク、フィラデルフィア、クリーブランド、リッチモンド、アトランタ、シカゴ、セントルイス、ミネアポリス、カンザスシティ、ダラス、サンフランシスコ。

の流派が違っていたりします。たとえば、かつてはセントルイス連銀ではマネタリスト★10が強いとも言われていましたし、いまではミネアポリス連銀はミネソタ流のＲＢＣ（実物的景気循環）理論が強かったりする。**連邦準備銀行間で経済理論の「競争」**が行われている、と言ってもよいでしょう。それが、アメリカの金融政策決定会合にあたるＦＲＢの連邦公開市場委員会（ＦＯＭＣ）の議論に反映したりする。

アメリカでは、Ph.D.をとってＦＲＢに就職するのは、エコノミストにとってのエントリージョブのようなイメージですね。彼らはその後、あわよくば学界や民間企業に進むという人材の流動性があります。日本銀行のように、いったん就職したら日本銀行内でエコノミストになって、そのまま**定年まで日本銀行エコノミストとして勤め上げる**といった「丸抱え」ではありません。

勝間▼そうなると、日本銀行以外の論理を知らずに育ってしまう可能性もありますね。

浜田▼そこが問題です。お役所のように外部との人材交流の少ない組織では、人的資本の形成がきちんとできません。外部との交流があれば、我慢して上役の言うことを聞き続けなければならない、ということはありませんから。財務省と日本銀行を比べてどちらがオープンかはわかりませんが、どうも日本銀行は、そういう意味では**オープンではない**ように思われます。

勝間▼日本銀行は、海外からまっとうな中央銀行として認識されているのでしょうか。

浜田▼日本銀行は、中央銀行としてはとにかく規模が大きいですし、白川総裁も人格的に尊敬されていると思います。海外の経済学者たちも、日本銀行が主催する国際コンファレンスに招聘されれば、喜んで集まってきます。そういう意味では、日本銀行は認められていると思います。問題は、そういったコンファレンスに来る世界の一流の経済学者のアドバイスを、自分たちの政策に都合が悪いと無視してしまうところにあります。

ただ、1990年代以来の、日本経済のデフレへの対応、その背景にある彼らの考え方は、果たして海外から評価されているのかどうかというと、おそらく大まかに言って、否定的な答えが返ってくるでしょう。

★10――マネタリスト：ミルトン・フリードマン（1912~2006）の弟子たちを中心とする一群の経済学者が唱えた学説。貨幣数量説を現代的に発展させて、貨幣に対する需要関数が安定的な場合には、貨幣供給量の安定的な増大がインフレ率の安定をもたらすと主張した。1960年代から80年代初頭までその主張は大きな論争の的となった。1980年代初頭の金融政策の経験を経て、現在ではそのままの形では成立しないことが明らかになったが、物価決定は貨幣的現象であること、物価決定には金融政策の役割が重要であることなどは、現在の学界の合意事項として生き残っている。本書第4章参照。

コラム 名目金利と実質金利

あなたが、年率10%の金利で、誰かに1万円を貸したとしましょう。1年後に返ってくる金額は1万1000円です。このとき、あなたは「貸したおカネが10%増えて返ってきた」と言えるでしょうか。そう考えたとしたら、誰かに1万円を貸す前にこのコラムを読んでください。

いま、おカネを貸した時点を「現在」、貸したおカネが返ってきた時点を「1年後」として、現在、1万円を出せば100円の「モノ」を100個買うことができるとしましょう。この場合の「モノ」は、何でもいいのですが、大福にしましょうか。そしてこの大福の値段は100円で変わらないとします。そうすると1年後、返ってきた1万1000円で買える大福の数は、110個です。たしかに10%増えていますね。

けれども、もし1年間で3%のインフレが進んで、大福の値段が103円になったとしましょう。1年後、返ってきた1万1000円で買える大福の数は、およそ107個（106・79個）です。さっきよりも3個くらい減ってしまいましたね。金利10%で貸したのだから、10%増えると思っていたら、実際に買える大福の数は7%しか増えていません。インフレが進んで貨幣の価値が下がり、同じ1万1000円で買える大福の数が減ったのです。

この例では、

現在　の1万円　　　＝　　大福100個分
1年後の1万1000円＝　　大福107個分

となります。このおカネではかった金利「10％」を「名目金利」、「モノ（＝大福）の価値」ではかった金利「7％」を「実質金利」と言います。この例からわかるように、インフレが進むと、実質金利は名目金利よりも低くなります。反対にデフレが進むと、実質金利は名目金利よりも高くなります。このことを一般化して、簡単な式で表すと、

実質金利＝名目金利－インフレ率

となります。

名目金利が10％で、インフレ率が3％であれば、実質金利は7％です。名目金利が10％で、インフレ率がマイナス2％（つまり2％のデフレ）であれば、実質金利は12％になります。

どうして実質金利が問題なのでしょうか。それは、おカネを借りる側から見て、たとえば企業が借金をして設備投資をしたり、私たちが住宅ローンを組んで家を買ったりするとき、本当の意味での負担を表しているのは、名目金利ではなく実質金利だからです。

もう1つ重要な点があります。「現在」の時点では、「1年後」の大福の値段がどうなっているかは、わかりません。それはあくまで未来のことなので、「予想」の値であるということです。

そこで、上の式の「インフレ率」は、正しくは「予想インフレ率」としたほうがよいことになります。こうして得られた式が

実質金利＝名目金利－予想インフレ率

です。この関係を発見したアメリカの大経済学者アーヴィング・フィッシャーの名前にちなんで「フィッシャー方程式」と呼ばれています。気をつけるべきは、これはあくまで「定義式」であるということです。ですから、読み方が大事です。たとえばこの式から、「実質金利を一定として、名目金利を引き上げれば、必ず予想インフレ率も上がる」ということがただちに言えるわけではありません。また「実質金利が一定だから、予想インフレ率が上がるとその分名目金利が上がる」ということがすぐに言えるわけでもありません。

ここで重要なのは、名目金利から予想インフレ率を差し引いた実質金利が、完全雇用のときの金利と同じかどうか、です。いま労働や資本といった資源の完全雇用を達成する実質金利を考えて、これを実質自然金利と呼びます。実質金利が実質自然金利に等しいならば何も問題はありません。かつてスウェーデンの経済学者クヌート・ヴィクセルは、実質自然金利を自然利子率と呼びました。

問題は、この実質金利が実質自然金利に等しくない場合です。完全雇用ではない場合には、現在の実質金利が実質自然金利に比べて高すぎるということもありえます。その場合は、予想インフレ率が上がることで名目金利はさほど上がらず、実質金利が下がってくるということになります。金融緩和政策が景気回復に効くというのは、不況期における実質金利の高止まりを是正するということなのです（岩田規久男「日本経済は完全雇用ではない――齊藤誠論文へのコメント」『エコノミックス』2002年春号、参照）。

（若田部）

第3章
なぜインフレターゲットが必要なのか

勝間▼デフレ脱却の手段として、**インフレターゲット**の導入が必要とも言われます。私もそのように主張していますが、ここでいま一度、なぜインフレターゲットが必要なのかについて整理して下さい。

若田部▼これは、拡張的な金融政策はデフレ脱却にどこまで効くのか、効かないのかという論点にかかわってきます。デフレ脱却には金融緩和が必要、というところまで合意したとしましょう。そして「ゼロ金利」となって名目金利の引き下げ余地がなくなったとき、2001年から06年のように、日銀当座預金残高を大きく増やす**「量的緩和」**を行うという手段があります。しかし、実際には物価を大きく押し上げることはできなかったではないか、という指摘があります。

勝間▼日本銀行が量的緩和を実施したけれど効果がない。数十兆円の量的緩和を行っても、オペの対象が短期国債のみであると、浜田先生が言われるようにゼロ金利下では貨幣と短期国債は代替性が高いために、金融緩和の効果は小さい可能性があるということですね。インフレターゲットは、その効果を高めるのでしょうか。

若田部▼**「流動性の罠」**と呼ばれる状況では、貨幣に対する需要があまりに強くて、今後もデフレが長く続くと思っていると、みんなが貨幣にしがみつくわけです。

デフレが続いている状況で、「もうこれ以上デフレは続かない」と、どこまで確実に伝えるかということでしょう。以前の量的緩和のときに問題とされたのは、日本銀行が、デフレから脱却する前に量的緩和をやめてしまったことです。

そこで、インフレターゲットは、量的緩和を止めるときの**目印**のような役割を果たします。インフレ率が何%になったら量的緩和を止めます、という目印があれば、デフレが続くという見通しも小さくなって、みんなが**貨幣にしがみつくこともなくなる**だろうというわけです。

すでに海外の多くの国々で、インフレターゲットが採用されています。その意味では**世界標準の金融政策の手法**と言ってよいでしょう。よく、「海外ではインフレターゲットはインフレを止めるために使われているが、デフレから脱するために使った例はない」という批判も聞かれます。先進国でデフレに陥ったのは日本くらいなのですが、しかし、インフレターゲットにはさまざまな実例があり、後述するように、デフレに陥りそうになったときにインフレターゲットを使った例もあるのです。

❖——インフレターゲット批判に答える

若田部▼インフレターゲットに対する批判には、いくつかのパターンがあります。大きく分けると、**「無効論」**と**「弊害論」**の2つです。★1 つまり、インフレターゲットはデフレ対策としては効かないという話と、インフレターゲットを導入するとかえって悪いことが起きるという話です。

無効論の1つめは、先述の **「輸入デフレ論」** に基づくものです。新興国からの安価な輸入品がデフレの原因だから、日本銀行の金融政策では対応できない、というのです。安価な輸入品が必ずデフレを起こすというわけでもありませんし、また、かりにそのような原因でデフレになったとしても、金融政策によってデフレ脱却は可能です。

2つめは **「波及メカニズム論」** です。ゼロ金利の下では、貨幣を増やしても実体経済に影響を与えないのではないか。金融政策からデフレ脱却に至る経路がよくわからないというわけです。これが「流動性の罠」と言われる話ですが、これまで見てきたように、日本銀行が買い入れる資産を多様化し、短期国債だけでなく長期国債を買う、あるいは外貨も買い入れて為替レートにはたらきかける効果を考えれば、波及する経路はいくらでもありうるでしょう。

無効論の3つめは **「実例論」**。「デフレ下でのインフレターゲットには実例がない」というものです。実際には、多くの国がインフレターゲットに下限を設けていますが、当初はインフレ抑制の手段として採用されたと言われるインフレターゲットは、デフレに陥らないための道具として用いられています。

その好例はニュージーランドです。同国は1998年、インフレターゲットを掲げながらデフレになりかかったので、金融を緩和して、デフレ懸念を克服しました。今回の世界経済危機も非常に良い例だと思います。

イギリスやスウェーデン、韓国もそうですが、インフレターゲットを採用していてもデフレに陥りそうになったので、これらの国の中央銀行は一生懸命に金融緩和をしました。スウェーデンは実際、消費者物価指数が２００９年４月から11月の間ゼロ以下になってしまいましたが、現在ではプラスに戻しています。

スイスもインフレターゲットを採用していますが、２００９年３月から10月頃に一時デフレに陥ったのを見事、インフレに復活させています。そのときには為替介入と組み合わせています。[★2]世界経済危機によって、デフレ下のインフレターゲットの有効性を示す実例は、かなり豊富に出てきているという感じがします。

もう１つのインフレターゲットに対する批判は**「弊害論」**です。たとえば、インフレターゲットを導入するとハイパーインフレになるとか、金利が急上昇するとか、財政が破綻する、などというのです。こういった批判のどこが間違っているのかは、前章で指摘したとおりです。

勝間▼身近な例で言うと、インフレターゲットは、室温を調節するようなイメージでしょうか。部屋が寒くなれば暖めて、暑くなれば冷房を入れる。いまの日本経済は、**寒すぎる**のではないかと思います。

若田部▼そうですね。寒すぎると人が動かない。それを暖めて、生活するに適した温度に近づ

★１——高橋洋一「インフレ目標政策への批判に答える」ＲＩＥＴＩポリシー・ディスカッション、２００３年３月７日（http://www.rieti.go.jp/jp/special/policy_discussion/07.html）。
★２——「経済気象台　スイスのデフレ克服」『朝日新聞』２０１０年３月26日。

けるということですね。それでみんなが元気になるかはわかりませんが、凍える必要は全然なくなるというイメージです。

勝間▼暖めすぎたらやはり身体によくないかもしれないし、エネルギーの無駄遣いになるかもしれない。

若田部▼暖めすぎると今度は、高いインフレ率になってしまいます。その意味で適温に調整することが重要ですね。

❖――私もインフレターゲット論に加わりたい

勝間▼経済を活性化するときに、私たちは、労働力などのリソースを適度に流通させることを考えます。しかし、なぜそこに**貨幣量**という発想がないのかなというのが、素朴な疑問です。

浜田▼私たちは、**貨幣経済**のなかで暮らしています。日本銀行がどのような金融政策をとるのかは、世の中の貨幣の流通に影響を与え、私たちの生活にも大きな影響を与えます。

現在、なぜ事態が複雑になっているかというと、若田部さんが言われた「流動性の罠」という状態では、みんな貨幣にしがみついてしまっているからです。ゼロ金利の下では、貨幣を供給してもみんな使わないで持つだけ、という現象が起きる可能性があります。そういうときに貨幣と短期国債を交換するのは効果が小さいので、長期国債や民間の債券、外貨なども買うという**広義の金融政策**が必要になります。日本銀行は、そういう状況を理解しているのかいないのか、あるいは理解していてもよほどやりたくない理由があるのか、大きく踏み込むことを避けてきました。もし日本銀行に、日本経済を苦境から救おうという強い意思があるのであれば、各時点で経済にとって最適な貨幣量になるように、デフレにならないように、またインフレになり過ぎないように金融政策を運営すればよいのです。必ずしも、目標とすべきインフレ率を固く決めることはないのではないか。私はそういう立場から、インフレターゲットの採用が必須とは考えていませんでした。

恩師であるジェームズ・トービンが亡くなる前、最後に会ったとき、日本経済について意見交換をしました。彼は、日本経済が停滞から脱出するためには、金融政策も財政政策もきちんと拡大しなければいけないと話していましたが、インフレターゲットのような形で金融政策を縛る必要はないのではないか、臨機応変にやればよいのではないか、という意見でした。

恩師の言うことだから従うというわけではなく、このトービンの見解それ自身は、傾聴に値すると思います。

にもかかわらず、私もいま、**インフレターゲット論に加わりたい**と思うのは、日本銀行は、何ら状況を理解していないのか、単にいやだからなのか、いずれにせよ、一向に思い切った金融緩和に踏み込もうとしないからです。必要に応じて素早く金融政策を発動することを怠り、日銀法第2条にある「国民経済の健全な発展」を妨げるような政策を採用したときには、それに対して**何らかの制裁**が加わるようなシステムにする必要がある。その1つの方法が、インフレターゲットです。

❖――システムこそが大きな問題

若田部▼目標とするインフレ率を達成できなかったときには、ニュージーランドの場合は**総裁が解任**されることもあります。イギリスの場合は、中央銀行総裁が財務大臣に対して**書簡を送って説明**をしなければいけません。

浜田▼若田部さんが例示されたような規律を設けることによって、日本列島をカネ詰まりにしないような金融政策を、中央銀行が否応なく採用するシステムが実現可能となります。その意味で私も、インフレターゲット論に加わりたいと思います。

日銀総裁やその周囲のスタッフが、誤った経済観を持っているのではないかと指摘することもできますが、彼らを説得するのはむずかしいでしょう。より大きな問題は、その根底にある、日本列島をカネ詰まりにする金融政策を許してしまうシステムにあります。それを変えなければなりません。

日本銀行の総裁や理事や、政策委員会審議委員を代えろという次元の問題ではありません。日本銀行を取り巻く**インセンティブ・システム**が現状のままでは、何度でも同じことが繰り返されると思います。そこをただして、きちんとした経済メカニズムの理解にのっとった金融政策が行われることを保障するように、日本銀行をめぐる制度のあり方そのものを再検討していくために、広く国民的議論が高まっていくことを望みたいと思います。

そのような議論のうち最も重要なものの1つが、インフレターゲット論でしょう。目標とするインフレ率を設定し、現在より、もっと正しい金融政策が行われるようなインセンティブ・システムに変えていくための手段として、インフレターゲットの導入に大いに賛成します。

日本銀行は臨機応変に正しい政策をとれるという**日銀性善説**に立てば、ターゲットは必要ないでしょう。しかし、日本銀行には正しい政策が理解できないという**日銀性悪説**に立てば、規律をつけて強制しなくてはならない。

若田部▼浜田先生は「規律」という言葉を使われましたが、日本銀行の**ガバナンス（統治）**を含めた制度のあり方そのものを再考しなければいけないというのは、私も賛成です。

よく、インフレターゲットは「政策」なのか「制度」なのか、と問われることがあります。それに対して経済学者たちは、これは**「フレームワーク」**であるという答え方をします。

中央銀行の使命として、インフレ率を安定させることはもちろん重要ですが、その際、政府と国民と中央銀行の間で**どういう契約を結ぶのか**が問題です。いまの日本銀行法の下では、どうもその契約がうまくいっていない。それは、結果を見れば明らかですね。そう考えれば、もっとよい結果が出るように契約を結び直す必要があると思います。その意味で、システムそのものを変えなければいけないというのは、そのとおりだと思います。

インフレターゲットを考える上で重要なことは、「目標」と「手段」です。目標は政府と日本銀行（中央銀行）が協議して決める、あるいは政府が決めるといった、いろいろな決め方があります。ただ、手段に関しては中央銀行に任せるというような線引きが一般的です。これが**「フレームワークとしてのインフレターゲット」**という意味です。日本に関してもその形でよいと思います。

もう一言つけ加えますと、アダム・スミス[★3]が『国富論』のなかで、当時の株式会社を手厳しく批判していますが、当時の株式会社は基本的には国営会社のようなものでした。特権階級がつくった一種のレントシーキング[★4]のための仕組みでした。会社の取締役に対しては市場からの規律もはたらかず、取締役は好き放題にやっていて、経営は惨憺たるものでした。

スミスが言ったのは、「だからといって自分は彼ら個人を批判するつもりはまったくない。**問題なのはシステム**なのだ。システムを変えればよい」ということです[★5]。同様に、日本銀行のスタッフ個人がいまどういう行動をとっているのか、彼らの経済観の誤りを指摘して、それをただしていくことも必要ですが、より大きな問題は、このシステムから出ている結果が悪いという事実です。それをどう改善すべきかを考えるべきでしょうね。

❖——白川総裁の「デフレ観」を検証する

勝間▶ここまで議論してきたように、デフレ脱却のためには、**日本銀行**のより**積極的な金融緩和**が不可欠です。日本銀行がデフレについてどのように認識しているのかは、非常に重要な意味を持っています。

そこで参考になるのが、白川方明・日本銀行総裁が2010年1月29日に内外情勢調査会で行った講演「最近の金融経済情勢と金融政策運営」★6です。

若田部▼同講演の4節「金融政策の運営の考え方」では、前章で浜田先生が触れられた、**世界金融危機後の日本銀行の対応**についての言及がありますね。ちょっと長くなりますが、引用しましょう。

「日銀に比べて米国FRBのバランスシートの増加率が大きいことを理由に、日銀は積極姿勢が足りないという批判がときどき聞かれます。しかし、これはまったくの誤解です。FRBのバランスシートの大幅な拡大は、資金調達の約7割を占める資本市場の機能が極端に低下し、中央銀行が全面的に市場を肩代わりするしかないという不幸な状況に立ち至ったことを端的に表しています。これに対し、日本の場合は、社債やCP市場の機能が低下したとはいえ、それでも欧米に比べると、金融システムは相対的に安定性を維持することができました。（中略）日本銀行の

★3――**アダム・スミス**：1723～1790。イギリスの経済学者・哲学者。主な著書に『道徳感情論』（1759）、『国富論』（1776）。
★4――**レントシーキング**：規制、関税、補助金を自らに誘導するように政治権力に働きかける利益追求。
★5――アダム・スミス『国富論 3』杉山忠平訳、岩波文庫、261ページ。
★6――http://www.boj.or.jp/type/press/koen07/ko1001a.htm

バランスシートはＦＲＢほどには拡大することはありませんでした。日本銀行のバランスシートの規模は、今回というより、むしろもっと早くから、大きく拡大していました。」

浜田▶為替レートを見てください、失業率を見てください、生産の落ち込みを見てください。困っている人を、世をはかなんでいる人を見てくださいと言いたい。なぜ、そこに目が行かないのでしょうか。

先日、従兄弟が建てた浜松にあるカトリック教会を訪れました。そこは日本人の教会でしたが、いまは失業しても母国に帰れない外国人を主とする集まりとなっていました。このこと自体は、教会の機能がうまくはたらいていることを示していますが、同時に、不況の影響は地方ではなはだしく、また国際的にも波及していることを示しています。

前章で述べたように私は、名目金利がゼロ近傍になって金利引き下げ余地が小さくなったときに金融緩和の度合いを測る指標として、中央銀行のバランスシートの規模に着目しました。金融が緩和しているか引き締めているかは、普通は**変化率**で考えます。日本銀行のバランスシートがすでに大きかったから、それ以上は緩和しなくてもよいという話ではありません。

第１章の図１-１で見たように、イングランド銀行やアメリカのＦＲＢ、あるいは欧州中央銀行ですら、世界金融危機の後、バランスシートをかなり拡大しています。日本銀行はというと、白川総裁が就任した２００９年春以降、バランスシートはむしろ縮小気味に推移しています。

その結果として、図１-２で見たように、日本円の実質実効為替レートは飛び抜けて高くなりました。これは、輸出産業だけでなく、輸入競争産業にも打撃を与えます。

それによって何が起きたか。図1‐3を見ればわかるように、2009年の前半には、日本の鉱工業生産指数は3分の1も落ち込みました。急激な円高の進行がもたらした、津波のような**企業業績の悪化**です。足もとでは回復していますが、決して楽観できる水準ではありません。このような事態は、積極的な金融緩和に乗り出して、資産価格の体系にはたらきかけ、また過度な円高の進行を止めていれば未然に防げたはずです。

❖――福井総裁の下での量的緩和

浜田▼アメリカでは、ITバブル崩壊★7後の不況期に、FRBは大幅な金融緩和に踏み切りました。2001年初には6・5%だったFFレートの誘導目標は、2003年6月には1%まで引き下げられました。

アメリカの金利低下によって日米の金利差が拡大し、円高・ドル安を招きました。2002年初の1ドル＝130円台から、同年7月には1ドル＝120円を割り込みます。これに対して日本政府は、財務省の溝口善兵衛・財務官（現・島根県知事）が主導して、円売り・ドル買いの大

★7――IT関連銘柄が多く上場している米国ナスダック市場では1996年に1000ポイント前後だったナスダック総合指数が、99年に2000ポイントを突破し、2000年3月には5048ポイントでピークアウトした。FRBの利上げを機に株価は暴落し、2002年には1000ポイント台まで下落した。

規模な為替介入を行ったのです。溝口さんには、（榊原英資さんの異名「ミスター円」になぞらえて）**「ミスター・ドル」**という異名もあるようです。

若田部▼２００３年１月から04年４月の期間に、為替介入につぎ込んだ資金は35兆円に上ったと言われています。

浜田▼このとき日本銀行は、量的緩和を継続していたので、マネタリーベースを大きく増やしました。これは先述のように**「事実上の非不胎化」**であり、為替介入の効果を高めたと考えられます。福井俊彦・前日本銀行総裁は、学者と同じ言葉で議論ができるという点では、現白川総裁ほどではなかったかもしれませんが、日本経済の足を引っ張らないような政策を続けた点は評価できますね。ところが２００６年３月には**引き締めに転じました**。

若田部▼福井さんが日銀総裁に就任したのが２００３年３月で、同年４月には日銀当座預金残高の目標額を17兆～22兆円に引き上げ、さらに04年１月の30兆～35兆円まで、順次引き上げていきました。そのときが量的緩和のいちばん大きい時期でした。

福井前総裁はなぜこのような政策を採用したのか。一説には、福井さんは総裁になる前に、小泉首相（当時）と密談したとも言われています。小泉首相はそこで福井さんにデフレ脱却を確約させた。福井さんがそれを受け入れたので、総裁に任命されたという話もあります。ところが、その約束を反故にして、まだ十分にデフレから脱却していないのに２００６年３月に量的緩和をやめてしまったので、当時の関係者はみんな怒っているらしい、というのです。

浜田▼私が内閣府経済社会総合研究所所長の任期を終えるとき、小泉首相が慰労の意味で会食してくださいました。そこで、速水優さんの後任の日銀総裁についての話題も出ました。私が誰を推薦したかは、いまは言い難いのですが、少なくとも**デフレを好むような人は絶対避けてください**と、強く申し上げました。若田部さんが紹介された「密談」がもし本当にあったとすれば、一部は私の貢献かもしれませんね（笑）。

会食の後で新聞記者につかまって、「誰を日銀総裁に推薦したのですか」と聞かれたものです。私は、景気回復に向けての国民の期待形成を促すことが必要だというお話をしました、と言って新聞記者を煙にまいたものです。

そんなこんなで、福井総裁の下での日本銀行は、ある程度は国民経済全体のことを考えるような政策運営であったと言えますね。

勝間▼それができたのは、**小泉首相のリーダーシップ**があったからということですね。

浜田▼まさにそうだと思います。小泉さんが首相の座を下りることが確実となった2006年3月には、量的緩和政策も解除されました。そして安倍政権へ交代したのが、同年9月ですね。

若田部▼その量的緩和政策の解除によって、結局は元の木阿弥になってしまいました。それで、日本銀行はゼロインフレを目標にしているのではないかとか、場合によってはマイナス0・5％を目標にしているのではないかという議論がありました。事実、この間の消費者物価指数の推移を見ると、ものの見事にインフレ率ゼロ％からマイナス0・5％の範囲に収まっています。「デフレからの脱却をめざす」と言いながらも、いつも**インフレになる手前で金融緩和を止めている**ようなイメージですね。

勝間▼量的緩和が解除された当時、消費者物価指数が上がりそうだと大騒ぎしていたことを、何となく覚えています。

若田部▼メディアも、「このままではインフレが起きてたいへんだ」という記事を書き立てていましたね。

❖——デフレの原因は

勝間▼引き続き、白川総裁の講演「最近の金融経済情勢と金融政策運営」を見ていきましょう。白川総裁は、この講演の5節「『デフレ問題』と持続的成長の実現」で、ほかの先進国と比べて日本の物価上昇率が低い原因として、以下の3点を挙げています。

（1）　流通の合理化と規制緩和

（2）　1990年代以降の賃金の持続的な下落

（3）　将来の成長期待の低下

そして、「デフレの根本的な原因は需要不足」とまとめた上で、デフレ脱却の方策については、「金融システム不安の状況を脱した後は、流動性の増加だけでデフレが解消されるわけではありません」としています。

第1に挙げられている流通の合理化と規制緩和ですが、これが原因でデフレになるというのなら、**アメリカも**日本と同じように**デフレになっていないとおかしい**ですよね。

若田部▼そうですね。流通の合理化と規制緩和が進んでいるアメリカは、大規模なデフレになっていなければいけないはずですね。

浜田▼何よりも、白川総裁が挙げている(1)、(2)、(3)よりも前に、(0)「金融政策の怠慢」がまず挙げられなければいけません。

勝間▼その後に、こういう文章が続きます。

「流通合理化は、グローバル経済の拡大とも相俟って、安値輸入品の拡大につながりました。また、規制緩和はそれまで規制で保護されていた業種・企業のマージンを低下させました。これらはいずれも競争圧力にさらされる企業にとってはたいへん厳しい事態でしたが、消費者からみると実質的な購買力の増加であり、日本経済全体としては生産性の上昇を意味するものでした。」

若田部▼ううむ(笑)。いや、流通合理化も規制緩和も重要ですよ。と言うよりも、長期の経済成長に貢献する政策は、結局は市場の活力をいかに引き出すかしかないと言えるでしょう。しかし、これは**典型的な輸入デフレ論**ですし、かりに消費者の実質的な購買力が増えたのならば、それはほかの財やサービスへの需要に行かずに、どこに行ってしまったのでしょうか。

勝間▼第2に挙げられているのは、「賃金の持続的な下落」です。これは、**因果関係が逆**ではないでしょうか。長期にわたってデフレが続いたために、賃金は持続的に下落せざるをえなかった、と読むべきと思います。

若田部▼普通に考えれば、そうなりますね。日本の賃金が横ばいになったのは1993年から94年頃です。それから横ばいの時期が98年ぐらいまで続いて、98年から持続的に下落し始めそれが止まったのは2004年です。これはやはり景気の動向に少し遅れて連動しているとしか思えません。★8

浜田▼勝間さんのほうが、白川総裁よりも、**経済学の基本を正確に理解**しているのです。

勝間▼白川総裁がデフレの原因として第3に挙げているのは、「将来の成長期待の低下」です。これもまた、因果関係が逆であって、デフレだから成長期待が低下しているのではないかと思います。

浜田▼実質成長率が低くなって、貨幣量に変化がなければインフレになるという議論ならばありえます。スタンダードな経済学では、成長期待が低下してデフレになるという理論は出てこないと思います。

勝間▼しかも白川総裁は、ここでいう将来の成長期待が、実質なのか名目なのかについても語っていませんね。

若田部▼この講演では、非常に慎重に、実質か名目かを明らかにしていないところが見受けられますね。

浜田▼でも、そこをきちんとするのが**金融論の基本**ですよ。シカゴ学派ではじめに教えられるのは、ストックとフローを区別すること、そして、金利でも物価でも為替レートでも、実質か名目かを区別するということです。白川総裁は、その区別に、周到に言及を避けているように見えるところもあります。

それから、前章でも触れたように、日本銀行は、デフレに対する姿勢とインフレに対する姿勢が非対称ですね。

若田部▼白川総裁の著書を読むと、ミルトン・フリードマンの「インフレというのは、いつでもどこでも**貨幣的現象**である」という有名な言葉が引用されています。つまり、インフレが起きるのは、マネーが多すぎるからだというわけです。白川総裁はそれに対して、この言葉はインフレには当てはまるけれども、デフレには当てはまらないかもしれないと書いています。[★9]

第5章で詳しくお話しする1930年代の大デフレ不況の原因を、FRBの貨幣供給量の引き締めすぎという金融政策の失敗に求めたミルトン・フリードマンが、いま生きていて聞いたら、

★8——日本労働組合総連合会（連合）「連合・賃金レポート2009——賃金構造基本統計調査（2008年）を中心とする賃金分析」2009年12月（http://www.jtuc-rengo.or.jp/roudou/shuntou/2009/shuukei_bunseki/03chingin_suii.html）。

★9——「1990年代後半以降の日本の緩やかな物価下落の過程を振り返ってみると、マネタリーベースはこの間に大きく増加した。マネーサプライ伸び率も名目GDP成長率を上回る伸びを記録した。その意味では『デフレはいつでもどこでも貨幣的現象である』とはいえない」（白川方明『現代の金融政策』日本経済新聞出版社、2008年、275ページ）。

卒倒するでしょう。白川総裁が**シカゴ学派から完全に決別**した瞬間だと思いました。

浜田▼デフレでもインフレでも、苦しむのは国民です。どちらもきちんと対応してもらいたいですね。

30年以上昔のことですが、白川総裁はシカゴ大学から帰国した頃、ロバート・マンデルとハリー・ジョンソンは、まさにワルラス法則を国際金融問題に応用した、国際収支と為替レートのマネタリー・アプローチを展開していました（次章138ページ参照）。

白川総裁は帰国してから、六甲コンファレンス等の学会で、このアプローチを説明していました（xiiページ参照）。いまの白川総裁には、これらの議論を理解している形跡は、まったく見られません。その意味で、白川総裁は東京大学で学んだことも、シカゴ大学で学んだことも忘れ去って（ディス・ラーン）しまったように見えます。

❖──需給ギャップの定義さえも変える

若田部▼これまで見てきたように、白川総裁はデフレの原因として、（1）流通の合理化と規制緩和、（2）1990年代以降の賃金の持続的な下落、（3）将来の成長期待の低下を挙げていますが、こうして見ると、**金融政策以外の原因**を挙げており、自分たちの金融政策はデフレとは関係ないという立場をとっているとしか思えません。

この講演では、その後に続く文章で、「デフレの根本原因が需要不足」としています。その需要不足の解消について、白川総裁はこう述べます。

「需給ギャップを解消するだけの需要喚起策の必要性が指摘されることがあります。しかし、需給ギャップは、あくまでも既存のニーズに基づく財・サービスの需要と、そうしたニーズを満たす財・サービスの供給能力を比較したものです」。だから、人々のニーズが変わってしまったのだから、既存の供給能力ではそれを埋めることはできないという言い方です。

勝間▼いま日本経済で何が起きているのかをきちんと見た上で、こういうことを言っているのでしょうか。値段が高いうな重に対する需要が突然蒸発して、世の中の人はみんな290円のノリ弁当だけが食べたくなった。それは人々のニーズが変化したからだとでも言うのでしょうか。**おカネがなくて290円のノリ弁当を食べている**とは思っていないわけですね。

若田部▼でも給料が上がれば、うな重を食べる人は出てくる。ここには、一時言われた「構造改革でイノベーションを起こして需要を創出しよう」という議論の影を感じます。結局重要なのはイノベーションだ、というたいへん受けのよい議論ですね。日本ではシュンペーター[★10]の言う、不況を通じてこそイノベーションが生まれるという**「創造的破壊」**も人気があります。

ただ、たしかに長期の経済成長に重要なのはイノベーションですが、需給ギャップの急激な縮

★10――**J・A・シュンペーター**：1883～1950。オーストリア生まれの経済学者。主著に『経済発展の理論』（1912）、『資本主義・社会主義・民主主義』（1942）。

小が起きているのにイノベーションを要求するのは、無茶な話です。最近の研究でも明らかなように、不況のときにイノベーションが起きるかといったらそうではないわけです。むしろ景気循環が小さくて、マクロ経済が安定的な環境のほうが経済成長率は高くなるとされています。日本銀行には是非ともそういう環境整備を行っていただきたい。

浜田▼いま引用されたところも、あれほどの秀才が、貨幣経済のワルラス法則を完全に忘れていることを示しています。誰の法則かなどは覚えていなくてもいいが、一国の中央銀行総裁が自分の持っている政策手段（金融政策）の効果を理解していないというか、まったく無視していいのでしょうか。

❖──為替レートのオーバーシュート

浜田▼国際金融の分野で、開放マクロ経済学のモデルである「マンデル・フレミング・モデル」を構築したロバート・マンデルとジョン・マーカス・フレミング以降、最も重要な仕事をしたのは、ルーディガー・ドーンブッシュ★11でした。彼は晩年、がんに冒されましたが、東京へ来たときに「食事をしよう」と電話をかけてくれました。いつもおごってくれましたが、その晩も彼にご馳走になりました。そのとき彼は、「毎日『ニューヨーク・タイムズ』の科学欄を見て、新しいがんの治療法が出ていないかどうかを探している」と話していました。

彼の理論を簡単に説明しましょう。前章でも述べたように、**ストックの市場**はフローの市場に比べて**価格の変動が大きい**という特徴があります。たとえばミルクだったら、価格が上がればみんな飲まなくなって、需要が減って価格が下がります。財やサービスの市場では、何かショックがあれば、それを解消するような力がはたらきます。ミルクの価格が上がれば、需要が減り、供給が増えて、ミルクの価格は下がります。

ところが資産の場合は違います。何らかのショックで地価が上がり始めたとき、誰も土地を買わなくなるのではなくて、逆に将来、土地の値段がもっと上がると予想して、土地を買おうとする人たちも出てきます。

勝間▼いわゆる**投機需要**が高まるということですね。

浜田▼まさにそのとおり。投機需要がある資産は、何かショックがあると、価格がオーバーシュートします。単純に需要と供給のバランスで決まるはずの水準よりも、高くなってしまうのです。市場参加者が理性的に行動していても、このようなオーバーシュートが起きます。

ドーンブッシュはそれを**国際金融論に応用**しました。為替レートでも、何らかのショックがあると、オーバーシュートする可能性があることを明らかにしました。これはすばらしい仕事ですね。

★11——ルーディガー・ドーンブッシュ：1942～2002。シカゴ大学で博士号取得後、マサチューセッツ工科大学教授を務める。国際マクロ経済学の権威だった。

たとえば日本が金融緩和をすると、**円安・ドル高のオーバーシュート**が起きて、日本円がポーンと下がってドルが上がります。これは、アメリカに対して短期的には貿易上**マイナスの影響**を与えます。その意味で、変動相場制の下でもその瞬間には近隣窮乏化が起こりえます。ですから、いま日本銀行がさらなる金融緩和をすると、アメリカが困るという可能性はあります（後述するように中長期的には各国にとって望ましいところに行き着く）。しかしこれを、直接円売り・ドル買い介入をやって円安・ドル高を実現するより国際的な抵抗は少ないだろうと思えます。

勝間▼これ以上日本銀行が金融緩和しないように、アメリカからクギを刺されているという説も、まことしやかに言われていますね。

浜田▼その意味では、為替市場に直接、円売り・ドル買いの介入をするのではなく、長期国債の買い入れ額の増額や、インフレターゲットの導入といった政策のほうが、政治的にはやりやすいでしょうね。

先述の２００３年から04年の介入の際には、史上まれに見る巨額の円売り・ドル買い介入が行われました。当時の溝口善兵衛財務官が、ブッシュ政権下で国際担当財務次官だったジョン・テイラーとどのような交渉をして、それが政治的に可能になったのかはわかりません。現状では、あれほどの介入はむずかしいかもしれません。テイラーは私にメールで、日本が円安政策をとったら、近隣窮乏化から**競争的通貨切り下げ**が起こるのではないかと懸念していました。

若田部▼菅直人さんが副総理兼財務相になってから、政府のスタンスとして「もう少し円安のほうがいい」と言い始めたのは、大きな変化ですね。ただ、菅さんが想定しているのは、1ドル＝90円台のレベルのようですので、それでも少し高いかなとも思います。

私自身は、為替レートを円安・ドル高に誘導することによってデフレ脱却をめざすのは、非常にわかりやすくていいと思います。ただ、たしかに**対外的な政治問題**になってしまうのはよろしくない。とくに対米関係でいろいろと複雑な問題を抱え、なおかつ中国人民元の「過小評価」が問題になっているときには、ここで新たな火種をつくるのは得策ではないかもしれません。

浜田▼なぜ溝口元財務官のときは、円売り・ドル買い介入が可能だったのでしょうね。

若田部▼2003年から04年にかけてですから、アメリカの景気回復の時期と重なっていますね。ただ、テイラーがなぜゴーサインを出したのか。テイラーの回顧録を読むと、もともとテイラーは、日本はデフレに苦しんでいて、これはまずいと思っていたらしい。1994年頃から日本銀行のアドバイザーをしていて、その頃からもっと**貨幣量を増やせ**と助言していたということです。けれども1990年代には日銀はまったく聞く耳を持たずにいたところ、2001年3月から量的緩和が始まって喜んだ。**量的緩和支援**として円売り・ドル買い介入には目をつむったというわけです。[★12]

★12――ジョン・B・テイラー『テロマネーを封鎖せよ』中谷和男訳、日経BP社、2007年、364~365ページ。

それと、日本の財務省が、円売り・ドル買い介入が日本の**デフレ対策**の手段になると説明したこともあります。当時の溝口財務官は就任してすぐにテイラーに電話をして「われわれはデフレを防ぐためには介入を増やさざるをえないだろう」と言ったそうです。[★13]ただし、財務省と日銀は別に何か相談をしていたわけではなかったようです。さらにその背景を探れば、当時のアメリカが、ブッシュ大統領と小泉首相の関係に象徴されるように、**日本に協力的**だったこともあるでしょうね。

❖──円安誘導は近隣窮乏化か

浜田▼日本はいまでもデフレで苦しんでいますが、アメリカは、自分たちの経済も苦しいのだから、日本だけ勝手なことはしないでくれ、と言うでしょうか。

若田部▼当時のアメリカは結構、順調に回復していたことが背景として考えられます。それに対していまのアメリカは景気回復途上なので、円安・ドル高はきらうかもしれません。

ただ私自身は、変動相場制なのだから、各国が自国の経済運営を優先するというスタンスでいいと思っています。日本がインフレターゲットを掲げて**粛々とデフレ脱却をめざす**。これはどこの国からも文句を言われる筋合いはありません。外国の政策が一定ならば、日本の金融緩和の結果として日本円は安くなる。浜田先生が指摘されたように逆のことが起きたのがリーマン・ショック後の世界でした。なので、日本だけが金融緩和をしない理由はない。

それと、日本経済の回復は回りまわって諸外国からの輸入を増やすわけです。現に中国やアメリカの回復で日本の輸出は増えています。一時的な円安が行き過ぎることは懸念すべきですが、日本の金融緩和は最終的には近隣窮乏化ではなく、**近隣富裕化**になるでしょう。

浜田▼いま若田部さんの言われたことは、理論的にも裏づけられます。まさに近隣富裕化が起きます。そのことを明らかにしているのが、2010年4月に急逝された内閣府経済社会総合研究所の岡田靖さんと私が共同で書いた論文[★14]です。

日本が金融緩和をすると、日本経済は活気づきますが、短期的には、外国経済は円安（ドル高）によって、マイナスの影響を受ける。これは近隣窮乏化と言ってよいでしょう。しかし、そうだとすると外国はもっと金融緩和をして日本からのマイナスの影響を解消しようとする。それに対して日本はさらに金融緩和をして立ち向かうというように、**金融緩和の競争**が起こりえます（次章でお話しするように、金融政策の国際的協調・競争の問題は、私の専門とするところです）。これは、戦間期に各国が為替切り下げ競争を行ったのと同じことです。

これでは、世界経済がインフレ状態に陥ってしまうおそれはないでしょうか。ジョン・テイラーもそれを心配していたようです。

★13——竹森俊平『経済危機は9つの顔を持つ』日経BP社、2009年、158ページ。
★14——Hamada, Koichi, and Yasushi Okada, "Monetary and International Factors behind Japan's Lost Decade," *Journal of Japanese and International Economies*, forthcoming.

しかし、右に挙げた岡田さんとの共同論文で示したところは、このような金融拡大競争は無限には続かず、どこかで止まるということです。そしてその行き着く先は、世界全体にとって（パレートの意味で）**最適なところ**で止まるのです。つまり、日本銀行も金融緩和が必要なときには金融緩和したほうが、「世界各国のためにも」望ましいことになるのです。

じつは先日、若田部さんから、戦間期に為替切り下げ競争が起こったときに、各国の対応も考えると、まともなところに行き着くというバリー・アイケングリーンとジェフリー・サックスの論文[★15]を教えていただきました（サックスは埋もれていた過去の私の論文を学界に再宣伝してくれた人です）。これも浜田・岡田論文の分析と整合的です。

金本位制の下にあるか、変動制の下にあるかを問わず、為替切り下げや金融緩和は相手国に、短期的にはマイナスの効果を与えますが、相手の反応も考えてこのようなゲームを続けると、その全体の行き着くところは**世界経済に望ましい結果**になるのです。

★15――Eichengreen, Barry, and Jeffrey Sachs "Competitive Devaluation and the Great Depression: A Theoretical Reassessment," *Economics Letters* 22 (1), 1986.

コラム　デフレ時代の生活防衛術

個々人が貯金を取り崩して派手におカネを使えば、デフレは終わるのでしょうか。

そんなことはありません。なぜなら、デフレは日本銀行がおカネの供給を減らしたことによって発生しているからです。私たちがいくら貯金を取り崩して浪費しても、おカネの価値が将来的に上がっていく状態（デフレ）が終わらない限り、それは一時的な効果しかありません。逆に、将来的におカネの価値が下がる状態（インフレ）が到来することが期待される世の中になれば、人々は自然におカネとモノを交換します。

将来的なおカネの価値はいま日本銀行がどのような金融政策をとるかによって決まります。つまり、日本銀行がきちんとした金融政策を行わないかぎり、デフレから脱却することは不可能なのです。日本において、個人がおカネを勝手に印刷することはできませんので、個々人の努力でデフレを終わらせることはできません。あえて言うなら、いま私たちにできることは、政治にはたらきかけることを通じて、日本銀行に一刻も早くおカネの供給を増やすようにさせることだけなのです。

とはいえ、日本銀行がデフレ政策を止めるまでは、デフレが続いてしまいます。現実問題として、デフレが続いているなかで私たちは生活していかなければなりません。私が『自分をデフレ化しない方法』（文春新書、2010年）で書いた生活防衛術は、政府と日本銀行がデフレ政策をこのまま続けるならば、という前提でみなさんに知ってほしい知識をまとめたものです。

あくまで個人レベルの生活防衛術を述べたものですから、本当に世の中のすべての人がこれを忠実に実行した場合には、デフレがより深刻化することになりますので、注意してください。そうなる前に、政治にはたらきかけることでデフレ脱却を図ることが最も重要だということは肝に銘じてください。

本コラムでは、生活防衛術のうち、デフレでもインフレでも役立ちそうなものを中心に抜粋しました。読者のみなさんのライフスタイルに合わせて、参考にしていただけると幸いです。なお、詳細については前掲『自分をデフレ化しない方法』をご参照ください。

1　貯蓄は投資信託にする

給料の3カ月分ぐらいの金額ならば普通預金に預けてもよいでしょう。定期預金ですと何かあったときに下ろせませんから。しかし残りのおカネは投資信託のほうがよいと思います。投資信託は流動性が高く、何かあっても3日後には換金できるからです。もしあまり変動を望まないのなら、債券の投資でもよいでしょう。

2　住宅ローンは禁物

デフレ下では家は持たないほうがよいです。リストラにあって住宅ローンが払えなくなっても、いざ売ろうと思っても売れるかどうかわからないし、住宅取得のための税金は高く、管理費や修繕費もかかるからです。賃貸は更新料がもったいないという話をよく聞きますが、デフレでリストラやボーナスカットが頻繁に行われている時代では、住宅ローンのボーナス払いも同じように負担なのではないでしょうか。

3　パソコンは買っても車は買うな

デフレで家計が苦しいとはいえ、必要なところには投資を惜しまないでください。節約とケチは違います。たとえば私は、ノートパソコンをよく買い替えます。なぜならこれは投資財だからです。以前はウィンドウズＸＰを使っていたのですが、ウィンドウズ7が出たら飛びつきました。ウィンドウズ7のおかげで起動時間などが3分の2ぐらいに短縮されました。出費した分だけ、時間が節約できたので、十分に回収していると思います。

4　教育費は年収の10％まで

一説によると子どもにかけた教育費は、6％の利回りで返ってくるというデータがあります。デフレ下で6％の利回りというのは破格です。親にとっても、子どもへの教育費はよい投資だと言えます。ただし子ども個人によってばらつきがあり、教育費をかけてもまったく返ってこないというケースもあるので、あくまでデータ上の話です。

やはり教育は、個人にとっても国にとってもいちばん力を入れるべき投資先と言えるでしょう。

5　究極の節約法はタバコ、酒をやめること

タバコは、２０１０年10月から１本につき5円ほど税金が上がります。いまや高級嗜好品です。また、健康面のダメージも見過ごせません。１本吸うと2分30秒寿命が縮むとも言われています。

お酒も、週に１～2回ほどおつきあい程度に外で飲むならいいかもしれません。そのかわり、家ではアルコールは摂らないようにしましょう。口寂しいという方は、かわりにお茶を飲んでみてはいかがでしょうか。緑茶、煎茶、紅茶はもちろん、ルイボスティーなど健康によくて美味しいお茶が、いまはたくさん売られています。アルコールよりも高い値段のお茶はありません。アルコールと違って、お茶はお財布にも優しいのです。

（勝間）

第4章

「伝説の教授」はこうして経済学を学んだ

勝間▼さてここで、少し話題を変えて、浜田先生の経済学者としての歩みを語っていただきましょう。

浜田宏一先生は、東京大学の法学部および経済学部を卒業され、大学院経済学研究科に進まれました。その後イェール大学に留学し、1965年に同大学院で経済学博士号（Ph.D.）を取得。帰国後すぐに東京大学経済学部の助手として任用されて、同大学の助教授、教授を務められました。

東京大学時代の教え子や、師を同じくする兄弟弟子には、岩田規久男・学習院大学教授や、福田慎一・東京大学教授、堀内昭義・中央大学教授、藪下史郎・早稲田大学教授、吉川洋・東京大学教授、渡部敏明・一橋大学教授、そして白川方明・日本銀行総裁といった方々がいます。

さらに、共同執筆者として研究をともにした、岩田一政・内閣府経済社会総合研究所所長、植田和男・東京大学教授、黒坂佳央・武蔵大学教授、野口旭・専修大学教授、深尾京司・一橋大学教授、そして2010年4月に急逝された岡田靖・内閣府経済社会総合研究所主任研究官などを加えると、これだけで、日本の**金融論・マクロ経済学の最重要人物録**ができ上がってしまうような、錚々たる方々が名前を連ねています。[★1]

1986年にイェール大学教授に転身されてからは、舞台をアメリカに移し、国際金融論、「法と経済学」などの分野で、いまなお**世界中の経済学者**たちから注目を集めるお仕事をされています。この章を読んでいただければわかるように、浜田先生の交友録は、歴代の**ノーベル経済学賞受賞者**がずらりと並んだ「世界の超一流経済学者」のリストです。

それでは、私の前置きはこれくらいにして、浜田先生にお話しいただきましょう。

浜田▼私の生まれたのは1936（昭和11）年1月です。その年の2月に2・26事件が起きました。乳飲み子を抱えて、雪のなかで心細かったという母親の話を聞いたことがあります。いまの国立新美術館と政策研究大学院大学のある場所（東京都港区六本木）に兵舎があって、そこで決起集会をやったらしいですね。また2月26日は、若田部さんの誕生日だそうですね。

若田部▼もちろん私は1936年生まれではないですよ（笑）。

浜田▼1936年というのは、経済学の歴史にとって非常に重要な出来事があった年です。ご存知ですか。若田部さんはもちろんよく知っていますよね。

勝間▼何があったんでしょうか。

若田部▼大・大名著が出た年……。

★1——**浜田より注**：東京大学大学院、とくに近代経済学の分野では共同指導制の色合いが強く、誰がどの先生の弟子なのかが玉虫色になっています。このリストを見て、なぜ私の名がないのかと思われる方もいるかもしれませんが、紙数の制約ということで御容赦ください。

勝間▼ああ、『一般理論』！

浜田▼正解です。ジョン・メイナード・ケインズの『雇用および利子・貨幣の一般理論』が世に出た年です。ですから私は「ネイティブ・ケインジアン」と自称しています。

❖──はじめは法学部で学ぶ

勝間▼戦時中のことは覚えていらっしゃいますか。

浜田▼埼玉県の熊谷に住んでいました。1945年8月14日深夜から15日未明にかけて、熊谷に大空襲がありました。「玉音放送」のわずか数時間前の出来事です。私の友人が焼夷弾の爆発に当たって、見舞いに行ったことを覚えています。その後、亡くなりました。まだ小学生でしたから徴用はされませんでしたが、ひもじかったことは覚えています。

終戦になると、それまでは「鬼畜米英」などと言っていたのに、どっとアメリカ風の価値観が入ってきました。日本人は意外とそれを嫌悪感なく、うまく受け容れたのは、日本人が求めていた自由、平等、繁栄、あるいは合理的な社会のあり方を占領軍が持ってきたからだと言われたのは、私の後任として内閣府経済社会総合研究所所長を務められた香西泰さんです。同じようにアメリカによって占領されたイラクとは、まったく違う点ですね。

東京大学に入ったのは1954年です。高校生の頃は、理科系の学問、とくに数学にひかれていました。みんな、なぜ私が文科系に入ったのか、不思議がっていました。おそらく、父が当時専門にしていた哲学、歴史、文学といったものに何となく魅力を感じていたのかもしれません。
大学の教養課程の文科からは、法学部にも経済学部にも進めたのですが、法学部に入ってしまった。入ってからこれは失敗かなという気がしました。私には、法学部の勉強は、どうしても、「ためにする論理」をつくるように見えてしまうわけです。

勝間▼「理屈をつける」ための論理ということですね。

浜田▼マックス・ウェーバー[★2]が、役人になるには法律を勉強せよと言っているらしいですね。なぜなら役人には、膨大な材料が出てきたとき、それを系統立てて整理して議論できる能力が求められるからです。法律を学ぶと、そういう能力が身につきます。私自身、法学部で勉強したおかげでしょうか、文章を書くことを怖いと思ったことはありません。その点は、ずいぶんとありがたいことです。それまでは作文が好きではなかったのですから。
それでも、法学部にもおもしろい講義はありました。法社会学がご専門の川島武宜[★3]先生から民法を教わりました。入会権《いりあいけん》とか頼母子講《たのもしこう》といった例を挙げて、法律の社会的役割をよく説明してくれたものでした。

★2――**マックス・ウェーバー**：1864〜1920。ドイツの社会学者、経済学者。主な著書に『プロテスタンティズムの倫理と資本主義の精神』。
★3――**川島武宜**：1909〜1992。法学者。東京帝国大学法学部教授。専門は民法。

❖――日本資本主義論争

浜田▼この時代、「**日本資本主義論争**」というものがありました。勝間さんの年齢ですと、さすがにご存知ではないでしょうね。

勝間▼日本資本主義論争というのは何ですか。

若田部▼日本の資本主義というのは、いったいどういう性格のものかということを延々と論じたのです……もちろん、私も直接見聞きした年齢ではないので、経済学説史の研究者としての知識ですよ。

日本の資本主義は、西欧のようなブルジョワ革命の結果の資本主義なのか、そうではなくて、そういう要素が半分くらいしかない資本主義なのかという論争です。政治的な路線対立ともからめて、活発に議論されました。

浜田▼日本はまだまだ西欧的な資本主義ではないから、もう一度革命が必要だと主張していたのが……どっちでしたっけ。

若田部▼「**講座派**」ですね。当時の日本共産党に近い人たちです。

浜田▼そうそう。それに対して、日本はもう西欧的な資本主義に近いと言っていたのが「**労農派**」ですね。彼らは比較的、政治的には穏健な立場でした。

東京大学はどちらかというと、後者の影響のほうが強かったのですが、このあたりの学者たちは、思想の争いと学派の争い、それに人脈の争いが入り乱れて、たいへんでした。でも話を聞いている分には、両者の論争はおもしろかったですね。川島先生は講座派でしたから、日本の契約はみんな前近代的なものであり、天皇制はもちろん絶対王制であるという立場でした。

学者になることに興味はあったのですが、法学部では身近に公務員試験、司法試験、外交官試験の一番、三冠王という優秀な人がいて、彼には太刀打ちできないと思っていました。彼は旧大蔵省に入りました。

若田部▼浜田先生も、大学在学中に司法試験に受かりましたよね。

浜田▼はい。4年生のときだったと思います。それは、法学部で勉強して、何か残るものが欲しかったのです。

旧知で弁護士をやっている方に会うと、チクリと言われます。みんな司法試験のために一生懸命勉強して弁護士や裁判官になるのに、いわば「保険」で受験して、資格を利用しないのはけしからん、と抗議されます。

勝間▼それはそうでしょう、合格者の枠を1つとっちゃったんですから（笑）。

❖――経済学部で学びなおす

浜田▼法学部を卒業した後、経済学部に学士入学しました。それを認めてくれたことは、親にとても感謝しています。

経済学部で2年間、大石泰彦[★4]先生のゼミに入り、館龍一郎[★5]先生の金融論の講義も受けました。経済学部では、法学部の学生たちのように試験の成績を1つでも上げようという雰囲気も感じませんでしたし、楽しかったですね。

勝間▼当時の東京大学経済学部では、どんな学説が主流でしたか。

浜田▼**近代経済学の先生はほとんどいません**でした。20人ほどの教授のうち、近代経済学の先生というと、大石先生と館先生くらいです。

勝間▼そのほかの先生方は何を教えていたのですか。

浜田▼**マルクス経済学**ですね。日本経済史とか、西洋経済史とか、財政学とか、経済原論を講義していたわけです。原論といってもマルクス経済学です。大石先生と館先生が近代経済学や経済統計学、金融論などを教えていました。

その頃はまだ学生ですから、純粋ですよね。先生のやることは何でも正しいと思って、一生懸命に悩んでしまうんです。いまの学生さんに言いたいことは、先生にもいろいろいて、間違ったことを言うこともあるかもと思って受講すると、だいぶ楽になります。

勝間▼当時、経済学においては、東京大学は後進国だったわけですか。

浜田▼近代経済学に関してはそう言ってよいでしょうね。当時の一橋大学のほうが、中山伊知郎[★6]先生、篠原三代平[★7]先生をはじめとして、近代経済学の有名教授がそろっていましたから、進んでいたと思います。

勝間▼東京大学はマルクス経済学のほうがさかんだったのですね。

浜田▼はい。講座派では山田盛太郎★8という大先生がいて、それから労農派では、有澤廣巳★9先生や大内兵衛★10先生、そのご子息の大内力★11先生がいました。有澤先生は、近代経済学に近いことも研究していましたね。それから、労農派寄りとはいえ独自の立場だったのが、本当の理論家としての宇野弘蔵★12先生です。お話として聞いていると、講座派のほうがおもしろいんですね。ただそれが、現実の日本経済の分析として正しいかどうか。

★4――**大石泰彦**：1922年生まれ。経済学者。東京大学名誉教授。専門は厚生経済学。

★5――**館龍一郎**：1921年生まれ。経済学者。東京大学名誉教授。青山学院大学名誉教授。専門は金融論、財政学。

★6――**中山伊知郎**：1898〜1980。経済学者。一橋大学名誉教授。専門は理論経済学。

★7――**篠原三代平**：1919年生まれ。経済学者。一橋大学名誉教授。専門は景気循環論。

★8――**山田盛太郎**：1897〜1980。マルクス経済学者。東京大学名誉教授。

★9――**有澤廣巳**：1896〜1988。マルクス経済学者。東京大学名誉教授。法政大学名誉教授。専門は統計学。

★10――**大内兵衛**：1888〜1980。マルクス経済学者。東京大学教授、法政大学総長を歴任。専門は財政学。

★11――**大内力**：1918〜2009。マルクス経済学者。東京大学名誉教授。信州大学名誉教授。専門は経済理論、経済政策。

★12――**宇野弘蔵**：1897〜1977。マルクス経済学者。東京大学教授、法政大学教授を歴任。

じつは、私が駒場（東京大学の教養課程）で初めて受けた経済学の講義では、成績は「優・良・可」のうちの**「可」**でした。大学時代に「可」をいただいたのは、それだけです。

勝間▼えーっ、本当ですか？　どうしてですか。

浜田▼やはり、マルクス経済学は苦手だったのでしょうか。同じくマルクス経済学でも、大塚久雄[★13]先生のように、概念をきちっと決めるような先生の講義は、親しみやすかったのですが……。

❖──トービン先生の教え

浜田▼経済学部を卒業し、東京大学大学院の修士課程に進みました。海外に留学しようと思って、アメリカのフルブライト留学制度の試験を受けました。試験会場は、いまも六本木にある国際文化会館です。英語は下手でしたが幸いにも試験には受かりました。

向こうに行ってから、イェール大学の先生に「君は奨学金があったから入学できたけど、順位は最低だったんだよ」と言われました。推薦状を書いてくれる人の選び方がまずかったんですね。経済学者の推薦状ではなく、英語の先生に推薦状をお願いした。当時は、留学のルールもよくわかっていませんでした。

館先生からは、「アメリカに留学するなら、イェール大学に行って**ジェームズ・トービン**に学びなさい」というアドバイスを頂いていました。トービンは後にノーベル経済学賞を受賞した大先生ですが、館先生がそうだったように、私も人柄にも、プリンシプルにも心酔しました。お会いできて本当に良かったと思っています。

イェール大学ではトービンやそのほかの先生にいろいろと教わって、さて私も自分の論文を書こうということになりました。国際間の資本移動をテーマにしようと決めて、トービンに「どうですか」と聞くと、「よいでしょう」と言う。

「それでは私は、文献を調べます」と言ったら、その場で怒られました。文献を調べてはだめだというのです。日本に限らず、普通の先生は逆のことを言います。まずは先行研究を調べなさい、と。しかしトービンは、「あまりすぐに**ほかの人の仕事を見るとアイデアが枯渇してしまう**。まずは自分で精一杯考えろ」というのです。その上で、困ったときにほかの人の文献を見なさい、と。それは非常にありがたい教えでした。

当時のアメリカのマクロ経済学の世界では、**ケインズ経済学**が優勢でした。そのダイジェスト版ともいうべき、今日でも大学の経済学の教科書に書いてある「IS－LMモデル」をうまく使って答案が書けると、大学院の博士資格試験を通ると

ジェームズ・トービン

★13——**大塚久雄**：1907～1996。経済史研究者。法政大学教授、東京大学教授、国際基督教大学教授を歴任。

いう時代でした。たとえば「流動性の罠」に陥ったときに金融政策をやったらどうなるか、という問題に答えるわけです。

その時代にあって、シカゴ大学にいた**ミルトン・フリードマン**[★14]は、古典派が見ていた世界も必ずしも間違っていないのではないかと考えました。これは偉かったと思います。教科書版のケインズ経済学が世界中に横行していていいのかと彼は疑問を抱いたわけです。

ミルトン・フリードマン

勝間▶そのとき、フリードマンは何を問題にしたのですか。

浜田▶たとえば、インフレは貨幣的現象であるということです。これはケインズ経済学の体系からそのままは出てこない点です。

若田部▶これが後に言う**「ケインジアン対マネタリスト」**の論争ですね。1960年代前半から、80年代くらいまででしょうか。

ケインジアンの側には、2009年に亡くなったポール・サミュエルソン[★15]、いまでも健在なロバート・ソロー[★16]といった人たちがいました。もちろん、トービンも大御所です。対してマネタリストの側は、主にフリードマンとその弟子たち、フィリップ・ケーガンやアラン・メルツァー、そして私の先生だったデイヴィッド・レイドラーというあたり。

いろいろな次元で論争がありましたが、大きくは（1）政策は裁量的に、つまり当局が経済状況を見て対応するのに任せるか、それともルールを設けたほうがよいか、（2）政策として重視すべきは財政政策か金融政策か、（3）貨幣が経済に影響を及ぼす理論的根拠、経路は何か、という3つくらいの次元で争われました。

裁量的で、財政政策重視で、理論的根拠を問うというのがケインジアン、ルール中心、金融政策重視で、実証的根拠に傾斜したのがマネタリストですね。もちろん、ケインジアンが金融政策を無視したわけではまったくありませんが、金融緩和のしすぎで1970年代の大インフレが起きたことへの評価をめぐっては、金融政策を重視するマネタリスト的主張に分がありました。もっとも、その後の経験を経て、現在の経済学界は、すでにそういう次元からは二歩も三歩も進んでいます。

★14――ミルトン・フリードマン：1912～2006。シカゴ大学教授。1976年ノーベル経済学賞受賞。
★15――ポール・サミュエルソン：1915～2009。マサチューセッツ工科大学教授。1970年ノーベル経済学賞受賞。
★16――ロバート・ソロー：1924年生まれ。マサチューセッツ工科大学教授。1987年ノーベル経済学賞受賞。

❖──フリードマンは論争の名手だった

浜田▶フリードマンとトービンは、絶えずいろいろな場で論戦していました。トービンが来日したとき、たまたまフリードマンも日本にいたのでしょうか、新聞社か出版社がトービンに、フリードマンと対論して下さいとお願いしました。トービンはずいぶんと渋い顔をしたそうです。奥さんも、「どうして東京まで行って、あの**気難しいおじさん**と論戦しなければならないの」と言っているのを聞きました。

フリードマンは、**論戦がうまい**んですよ。対論相手を持ち上げておいて、最後にバンと落とすんですよね。

勝間▶素朴な疑問ですが、トービンもフリードマンと同じくらい業績があるのに、フリードマンの名前がより広く知られているは、なぜでしょうか。

浜田▶フリードマンのアイデアは、社会全体に対する影響が強かったからだと思います。それに論理が単純です。トービンの大きな仕事は資産選択理論ですが、それに比べるとフリードマンの言うことの**「物価は貨幣量で決まる」**、そして相対価格体系は貨幣量とは関係ないというフリードマンの言うことのほうが、経済学者ではない人たちにもわかりやすいですね。

でもフリードマンは、貨幣量を増やしても実体経済には影響を与えないという極端な考え方だったわけではありません。あるときには貨幣量を増やす政策が効くと考えていました。彼は、その効き方が不規則だから、気をつけろと言っていたのです。

それに対してトービンは、フリードマンの体系のどこがおかしいかを説明することもありました。おそらく、吉川洋さんがイェール大学に留学してトービンの下で学んだときには、そういう傾向が強くなっていたのではないかな。

勝間▼浜田先生は、トービンの教え子でありながらマネタリスト的ですよね。

浜田▼それはよく言われます。同じくトービンの下で学んだ藪下史郎さんには、冗談まじりに「浜田さんはシカゴ学派に染まってしまって……」と言われました。でも、私が述べた円／ドルレートの決まり方などは、まさしくトービンの資産選択理論のアイデアですよ。

たしかに、シカゴ大学のハリー・ジョンソン★17は、私のようにシカゴ大学出身ではない者に、**シカゴ学派の真髄**をよく説明していました。それで、藪下さんの言うように見えるのかもしれません。

❖――ゲーム理論の応用

浜田▼日本に帰国してからは、**ゲーム理論**を使って国と国の間の**金融政策の駆け引き**の問題を

★17――ハリー・ジョンソン：1923〜1979。マンチェスター大学、シカゴ大学教授を歴任。国際貿易・金融論で業績をあげた。ケインジアンとマネタリスト双方に理解があった。

考えてみました。経済学の世界では、ゲーム理論は今日ほどポピュラーではありませんでした。

国際金融の中心的な問題は、変動相場制か固定相場制かという通貨制度を選ぶという問題と、それらの通貨制度の機能の問題があります。そこでは、ある通貨制度に合意すること、そして、その通貨制度の下で金融政策（ないし財政政策）の政策を戦略的に駆使してゲームを戦うということは2つの段階があります。これは、ゲーム理論でいう**「2段階ゲーム」**です。どういう制度にしたらどういう結果になるかということがわかって、はじめて、どの制度にしようかと合意することができます。

アメリカでは、ロバート・マンデル[18]やハリー・ジョンソンといった学者たちが、マネーの役割を重視した国際金融論、国際収支と為替レートのマネタリー・アプローチを研究していました。

彼らは当然、現実の問題として米ドルのことを考えていました。

その頃、ウィスコンシン州のウィング・スプレッド会議センターで開催された学会に参加しました。後に大先生になったルーディガー・ドーンブッシュとか、スタンレー・フィッシャーとか、ジェーコブ・フレンケル[19]などが来ていました。

その学会で初めて、ゲーム理論を国際金融に適用する発表をしました。ゲーム理論にはみなまだなじみがなかったらしく、報告した後、誰も質問してくれません。翌日、エドムンド・フェルプス[20]やリチャード・クーパー[21]が、ゲーム理論を使うのもおもしろいんじゃないかと言ってくれたので、少し救われた気がしたものです。

その後、その問題を扱った論文をいくつか書きました。これが、私の若い頃の仕事として残っています。後に私がイェール大学に就職できたのも、この一連の仕事が認められたからでしょう。

勝間▼その論文を書かれたのは、いつごろですか。

浜田▼1970年代前半ですね。ちなみに、先進諸国が変動相場制へ移行する大きな転換点となった「ニクソン・ショック」[★22]は1971年です。

ポール・サミュエルソンは、35歳を超えると、新しい議論についていけなくなると言ったらしいですね。

若田部▼『一般理論』の影響力について書いた文章ですね。「**熱病のような猛威**で、35歳以下のたいていの経済学者をとらえた……50歳以上はその熱病にかからなかった」と。もっとも35歳から50歳までは、知らないうちに影響を受けたとか。[★23]

★18——**ロバート・マンデル**：1932年生まれ。コロンビア大学教授。1999年ノーベル経済学賞受賞。

★19——**ジェーコブ・フレンケル**：1943年生まれ。シカゴ大学教授を経て1991年から2000年までイスラエル中央銀行総裁を務める。

★20——**エドムンド・フェルプス**：1933年生まれ。コロンビア大学教授。2006年ノーベル経済学賞受賞。

★21——**リチャード・クーパー**：1934年生まれ。イェール大学教授を経て、現在ハーバード大学教授。

★22——**ニクソン・ショック**：1971年8月15日、当時のリチャード・ニクソン米大統領が金とドルとの兌換停止を宣言したこと。これによって、ブレトン・ウッズ体制は終えんに向かうことになる。日本はこれによって大幅な円切り上げを経験することとなった。

浜田▼私も、ゲーム理論による国際金融の分析を始めたのは、1972年頃で、36歳のときですから、サミュエルソンの言うことが当てはまるかもしれません。実際に論文が出たのは、1976年以降です。

サミュエルソンの説にならうわけではありませんが、35~36年というのは、だいたい一世代、1つの周期と言ってよいでしょう。**1936年**にケインズの『**一般理論**』。その36年後、**1972年**には、ロバート・ルーカスが[★24]「**合理的期待形成**」に基づく論文を世に出しました。

ロバート・ルーカスが唱えた「合理的期待形成」という考え方は、ケインズ経済学を根本から否定するもので、その後の経済学に大きな影響を与えました。「熱病のような猛威」とまでは言えないかもしれませんが。

若田部▼合理的期待形成というのは、名前のとおり、経済活動を営む人々が、先の経済の見通しや政府の政策や他の人々の反応・行動について予想をどういうようにつくり上げるか、を表したものです。たとえば、日本銀行がどういう政策をとるかを予想して人々は行動する、というときに人々はどういう予想をするのかを論じたものです。日本語で「期待」と言うと、どうも「良いことを予想する」というニュアンスが強いので、「合理的**予想**形成」と言うべきだ、という人もいますね。

また「合理的」というのは注釈が必要です。矢野浩一さん（駒澤大学経済学部准教授）という新進気鋭の統計学者の方が、おもしろいことを言われています。大学院生の頃、研究発表の場で

「ここで合理的期待を仮定し……」と言ったら、先生から「君、人間は合理的ではないよ」と突っ込まれたとか。それで翌週、「ここで人々は現在**利用可能な情報をすべて利用する**と仮定し」と言ったら、「そうそう、君も統計学がわかってきたようだね」と（笑）。「合理的期待形成」というのは、そういう意味で理解するのがいちばん誤解が少ないでしょうね。

浜田▼「合理的期待形成」は、過去の結果に拘束されながらも、将来への予想にも操られる人間行動の前向きな側面を、よく捉えました。株価でも、為替レートでも、織り込み済みの材料と、予想されない新しい情報の効果は異なることを、理論的に取り扱えるようにしました。予想を考えずに大きな計量モデルを推定しても有効でないことも示しました。

ただ、それが行きすぎて、みなが予想することが実現するような、自己充足的予言の成り立つような経済の分析に多くの学者が特化したため、マクロは均衡経路のみが支配し、貨幣や資産価格がほとんど影響を与えないような、「実物的景気循環論」が主体となりました。

「合理的期待形成」から36年後の**2008年**には、**リーマン・ショック**とそれに続く**世界金融危機**が起きました。この危機は「実物的景気循環論」の言うところと完全に矛盾しています。リーマン・ショックによって、経済学がまた新しい展開を遂げるとよいのですが。

★23――Samuelson, Paul, "Lord Keynes and the General Theory," *Econometrica* 14 (3), 1946, pp. 187-200.

★24――**ロバート・ルーカス**：1937年生まれ。シカゴ大学教授。1995年ノーベル経済学賞受賞。

❖──大学紛争の時代

勝間▼浜田先生は、ゲーム理論はどこで学んだのですか。

浜田▼イェール大学です。ハンガリー生まれの経済学者ウィリアム・フェルナー[★25]が、いまで言う一種のゲーム理論による寡占競争の分析を講義していました。それと、ハーバート・スカーフ[★26]という先生がゲーム理論を講義していました。数学が天才的にできる先生で、私はその講義にはついていけないこともありましたが、これは政策問題に何か使えないかといろいろ考えたのがきっかけです。

話を戻すと、フルブライト留学生は博士号をとったら帰国しないといけないので、1965年に素直に帰ってきました。当時はその後に、**大学紛争**の火が来るとは思いもよらなかったのです。

勝間▼大学紛争の頃、教授たちは何をしていたのですか。

浜田▼会議です。とにかく夜中まで会議。外人部隊と言われる学生が来たり、学生たちが安田講堂を占拠したりと、騒然とした時代でした。私も一部の大学の先生たちに対して、学問に本当に懸けていないという不満がありましたから、むしろ革新派の人たちの気持ちは理解できました。当時、東京大学の助手だった蠟山昌一さん（後に大阪大学教授、国立高岡短期大学学長）は、大学紛争をも1つの社会現象としてとらえて、いろいろと考えていました。私もこの間の出来事からいろいろなことを学びました。

勝間▼大学紛争の間は、自宅で研究か何かをしていたのですか。

浜田▼いや、家にいるのもどうかと思うから、みんな何となく大学には行くわけです。検問を通ってキャンパスに入ると、教授・助教授から助手まで交えて、大学紛争の意義は何ぞや、といった議論をしていました。私は、そういう問題を社会科学的に見るということを考えていましたが、そのために数年間、本業がなおざりになって、論文を1つも書けなかったのは、後から見てマイナスだったと思います。

勝間▼何歳頃のことですか。

浜田▼だいたい30歳前後です。

勝間▼学者として、いちばん脂が乗っている時期だった。

浜田▼そうですね。きちんと仕事をしていれば、そうですね。当時は助手で、講義を担当しなくてもよかった。研究に打ち込むには最もよい時期だったのですが……。

❖——宇沢先生とは波長が合った

若田部▼浜田先生はその頃、正規の講義ではない**勉強会**を主催されていたとお聞きしたことが

★25——**ウィリアム・フェルナー**：1905〜1983。イエール大学教授。

★26——**ハーバート・スカーフ**：1930年生まれ。イェール大学スターリング教授。専門は一般均衡理論、協力ゲーム理論。

あります。

浜田▼何も勉強しないのもよくないと思い、大学院生たちと一緒に勉強会をしていました。岩井克人さん、奥野（藤原）正寛さん、若くして亡くなった石川経夫さん（いずれも後に東京大学教授）といった人たちがいました。彼らが本当に優秀だと思うのは、経済理論や実証分析の内容について的確に理解できるだけでなく、**理論の思想的な背景**までとらえられる人たちでした。先に教え子や共同研究者として挙げた人たちもそうですが、優秀な若い人たちと議論すると、じつは、私が教えているのではなくて、若い人たちにいろいろ教わるのは私のほうなのです。

紛争時代に議論した優秀な人たちは、だいたいアメリカに留学しました。

勝間▼日本から逃げたという感じですか。

浜田▼というよりも、日本では大学紛争があって、講義がなかったからです。

勝間▼みなさん、アメリカに行きたいと言えば行ける状態だったのですか。

浜田▼どうでしょうか。日本ではまだ経済学者の人口は少なかったから、行きやすかったかもしれませんね。

経済学者の数は少なくても、トップクラスには、アメリカのトップクラスとくらべてもそん色のない人たちがいました。宇沢弘文、稲田献一、根岸隆といった先生方は、アメリカの学者と同格で議論に加われるだけでなく、彼らを指導できるような実力でした。宇沢先生はシカゴ大学教授も務め、ジョセフ・スティグリッツ[★27]、ジョージ・アカロフ[★28]、ロバート・ルーカスといった、後の**ノーベル経済学賞受賞者に経済学を教えていた**のです。
でも師弟関係って、むずかしいなと思います。私も先生方にはかわいがられましたが、どこかでまったく先生についていけなくなることもあります。
ある座談会で宇沢先生に対して一言、反論を言ったら、「宇沢、浜田は犬猿の仲」などと学生たちが言い出しました。大所高所で意見が不一致とは思いませんが、宇沢先生はたまに、普通の人が聞いたらびっくりするようなことを言うので、ついていけなくなることもあるんですよね。おそらく宇沢先生の頭のなかではしっかりしたロジックがあるのかもしれませんが、私たちにはわからないことがある。
若田部▼実際のところ、宇沢先生との関係はどうでしたか。
浜田▼もちろん、今日に至るまで親しくさせていただいています。
シカゴ大学で開催された学会に参加することがあって、それなら、そこで教えている宇沢先生に会ってきたらと言う人がいました。それで訪ねたら、たちまちつかまって、翌日もセミナーがあるから君も来なさいと言われましてね。

★27――**ジョセフ・スティグリッツ**：1943年生まれ。コロンビア大学教授。アメリカ大統領経済諮問委員会委員長、世界銀行上級副総裁、主席エコノミストを歴任。2001年ノーベル経済学賞受賞。
★28――**ジョージ・アカロフ**：1940年生まれ。カリフォルニア大学バークレー校教授。2001年ノーベル経済学賞受賞。

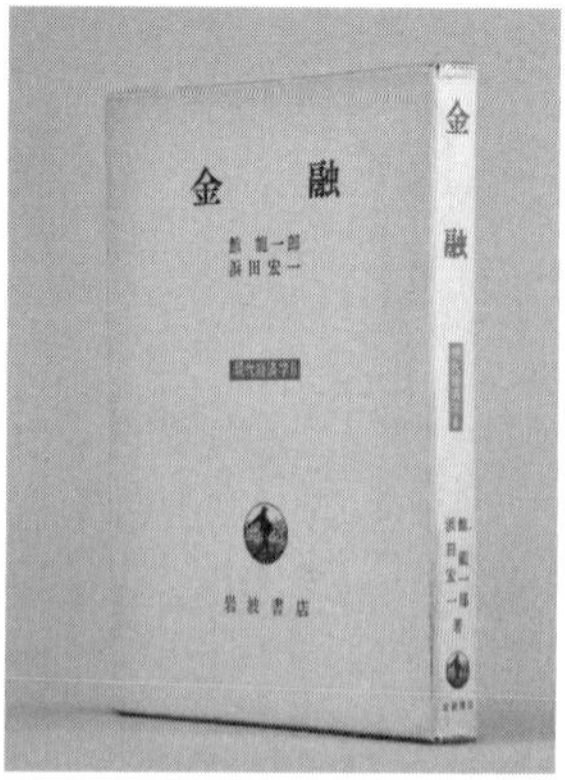

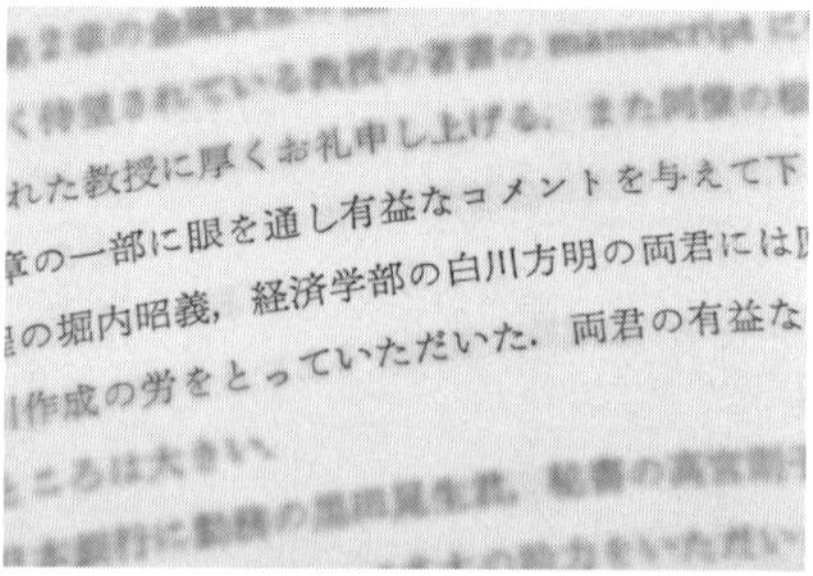

館龍一郎・浜田宏一『金融』岩波書店，1972年．
「はしがき」の謝辞に白川方明氏の名前がある．

宇沢先生と私は波長が合うんですね。思考がアナログで、全体のビジョンを見ようとするんです。対照的なのは小宮隆太郎先生です。精緻なロジックを1つ1つきっちりと詰めて、デジタルに攻めていく学風でした。近年のデフレや日本銀行の金融政策についての小宮先生の議論には、昔の先生の議論と違って、ついていけないところもありますが。

宇沢先生は、外国人が偉いなどとおびえず、ポジティブに自信を持ってやりなさいというアドバイスをしてくれました。だから私が（宇沢先生から見て）細かい仕事をすると怒るんです。ほかの人がつくった体系を小手先でいじるようなことをしてはいけない、というわけです。

小宮先生は小宮先生で、私が新しい分野にチャレンジすると、浜田君がやっているのは、国際金融のゲーム理論による分析ではなくて、ゲーム理論の応用問題をつくっただけではないかというわけです。なかなか厳しかったですね。

若田部▼その頃には東京大学経済学部にも、近代経済学の先生が増えていたと思いますが、**インフレ**や**デフレ**についてどのように教えていましたか。

浜田▼館先生と共著で金融のテキストを書いて、当時、学生だった白川方明さんにも校正を手伝ってもらったのですが、そのテキストには何て書いてあったかな……。正直に言うと、怖くて見ていません。物価水準一定を前提としたケインズ経済学ですから、流動性の罠に陥ってデフレになったら、金融政策は効かないとか書いているかもしれません。当時は固定相場制でしたから、ある程度は正しかったのです。

私は、国際金融論、国際経済学の視点から、デフレや金融政策の問題についてときどき、ものを書いていますが、この問題について、バブル崩壊直後の「マネーサプライ論争」以来、長年にわたって首尾一貫した論旨を主張しているのは、岩田規久男さんです。今回の座談会にも岩田さんが参加してくれればと思ったのですが、在外研究中ということで残念ですね。またいつか機会はあるでしょう。

岩田さんは、大学院では小宮先生のゼミにいました。当時から、私たちと議論をしても割と勇ましい人で、すぐに「そのとおりです」と言うことはなかったですね（笑）。

1970年代の石油危機の後に「狂乱物価」と呼ばれる大インフレが起きました。小宮先生はそれに対して、インフレを起こしてしまった日本銀行の責任は重いと断じました。

さてそれから20年経って日本がデフレに陥ったとき、**岩田さんは、インフレに対するのと同様に、日本銀行はデフレに対しても断固闘うべしと主張**しましたが、小宮先生は、そのあたりの主張が不明確になってしまった。私もかつて、小宮先生からご批判を受けました。

❖――MITでの研究生活

勝間▼その後、再びアメリカと日本を行き来されていますよね。アメリカに行ったり、日本に戻ったりされたのは、やはり理由があって……。

浜田▼東京大学の助教授になって学生を教える立場になりましたが、このままでいると、残念ながらイマジネーションが枯渇すると思いました。やはりアメリカのほうが、**知的密度の高い経済学**が行われています。

幸いにしてACLS（American Council of Learned Societies, アメリカ学術団体評議会）の奨学金を受けて、そのフェローとしてマサチューセッツ工科大学（MIT）に行きました。ジャグディシュ・バグワティ[★29]、チャールズ・キンドルバーガー[★30]、フランコ・モジリアーニ[★31]、ポール・サミュエルソン、ロバート・ソローといった経済学者たちのところで1年半、半ば学生、半ば若手の研究仲間のような形で研究していました。

サミュエルソンはいろいろなことを研究していましたが、基本的にはケインジアンでしたから、今日のわれわれの立場と違わないと思います。マクロ経済学の大家としては、フランコ・モジリアーニがいました。彼は、景気循環が起こって失業が生ずる状態と完全雇用の状態をつないで、双方を見られる体系を考えていました。軸足はケインジアンでしたが、古典派的な視点もありました。

シカゴ大学に行く機会もありました。ハリー・ジョンソンという元関取の高見山みたいな体格の先生がいて、もともとはケインジアンでしたから、「**貨幣と実物経済は同じ体系**で考えなくてはいけない」とよく教えてくれました。

彼はロンドンでも教鞭をとっていて、ジンを1本買ってシカゴからロンドン行きの飛行機に乗る。ロンドンに着いたときには、ジンが1本空いて、論文が2本書けているという伝説がありました。後に健康を害して、若くして亡くなりました。

❖白川総裁は「シカゴ的」？

浜田▼通俗的には、シカゴ学派は、「政府は経済に介入せず、市場に任せられることはすべて市場に任せる」と理解されています。そこから、「白川日銀総裁はさすがシカゴ学派だ、何もしようとしないのだから」なんて言う人もいますね。

★29――**ジャグディシュ・バグワティ**：1934年インド生まれ。コロンビア大学教授。国際連合特命顧問、WTO外部顧問を歴任。
★30――**チャールズ・キンドルバーガー**：1910〜2003。マサチューセッツ工科大学教授。
★31――**フランコ・モジリアーニ**：1918〜2003。マサチューセッツ工科大学スローン・スクール教授。1985年ノーベル経済学賞受賞。

若田部▼なるほどね。でもそれは、フリードマンの言っていることとはずいぶん違いますよね。現代のシカゴ学派というのは、フリードマンとジョージ・スティグラー[★32]が2大巨頭でした。フリードマンは基本的には、市場に任せられるところはすべて任せてよいが、いくつか例外がある。**自由主義者は無政府主義者ではない**と言っています。中央銀行の仕事だけは市場に任せるわけにはいかない、という考え方でした。じつはこれには、2つの代替案があります。1つは中央銀行はいらない、貨幣発行を自由化すればよいという考え方です。

勝間▼それで貨幣同士が競争すればいいのですね。

若田部▼はい。コンペティティブ・マネーというアイデアです。しかしフリードマンは、いったん貨幣が発行されると、1つの貨幣のほうが便利になるから独占的に供給せざるをえないと考えました。だから貨幣の発行は、政府が担うべき限られた仕事のうちの1つというわけです。

勝間▼便利な貨幣のほうをよりたくさんの人が利用してしまうので、そっちだけどんどん便利になってしまいますし（ネットワーク効果）、そのことによってまだ便利な貨幣を使っていない人や地域も影響を受けてしまう（外部性）ので、先行者利得が生じてしまうんですね。

若田部▼そうです。外部性があるものについては政府の役割がある。これはフリードマンも認めています。もう1つの選択肢は、金本位制のように外部から枠をはめるような制度です。しかし金本位制は、世界大不況のときに生き残ることができませんでした。

浜田▼フリードマンは変動相場制を擁護した数少ない論者の1人です。その見方は正しかったと思います。

若田部▼フリードマンは、**大不況は金本位制が問題**であったということを、よく理解していたと思います。国際間の資本移動が自由な場合、金本位制の下では大不況が起きてもただただ耐え忍ぶしかない。だからマクロ経済の基本は変動相場制でなければならない。しかし変動相場制の下では、今度は金融政策次第で物価水準が大きく変動してしまう可能性がある。それを何らかのルールで抑えなければいけない。そこで彼が提唱したのが、**k%ルール**ですね。これは中央銀行が貨幣供給量を一定の割合、年率k%とかで発行するように金融政策を運営するというものです。

簡単な貨幣数量説が成り立つ場合、経済成長が進むとき、貨幣の供給量を一定にしておくと、財は増えるのに貨幣は足りなくなってしまい、物価が下がってしまいます。あるいは、貨幣は資産でもあるので、人々は豊かになるともっと貨幣をほしがるかもしれない。そこで物価を一定にするには、貨幣供給量をある程度増やしてやる必要がある、ということです。ちなみに、k%のkというのは、マーシャルのk[★33]からきているのでしょうね。

★32——**ジョージ・スティグラー**：1911～1991。コロンビア大学教授。シカゴ大学教授。1982年ノーベル経済学賞受賞。

イェール大学教授に

浜田▼MITから帰った後も、1977年から78年にかけて、森嶋通夫★34先生のお世話になってロンドン・スクール・オブ・エコノミクス（LSE）へ行ったりしていました。当時は**日本経済ブーム**で、アメリカの大学で日本経済論の講座を担当する教授が必要となって、私にも声がかかりました。迷っていたのですが、当時の学部長から「海外へ行くのは、7年に1度以上はだめ」と言われました。

勝間▼それは、なぜですか？

浜田▼特定の人たちが頻繁に海外に行くのは不公平という配慮からでしょう。学部長は、誰が次に海外へ行くかの一覧表をつくっていました。私はイギリスから帰国したばかりなので、「君が外国に行けるのは45人いるうちの40番目」と言われました。

日本の大学の仕組みでは、長期休暇をとることができるのは何年かに1度です。当時は7年に1度でした。それで東大教授のままで海外に行くなら、その長期休暇まで待てということです。外国は無給休暇がとれるのに、日本は有給休暇しかとれないという事情もありました。

それでも1984年の冬の間だけ、シカゴ大学に日本経済を教えに行きました。これは、速水佑次郎先生の代理といった感じでした。シカゴはマイナス20度、30度と猛烈に寒かったですね。零度がいかにありがたいかと思いました。

若田部▼風が吹くと体感温度はマイナス50度くらいですね。

浜田▼そんな極寒の地で、日本経済のことを教えるのもいいかなと思いました。

その後、イェール大学で日本経済の研究者を求めていると聞いたので、それもいいと思って、東京大学を辞職して、1986年にアメリカ行きを決めました。

私自身の準備不足もありましたが、やはり外国で教えるのは結構たいへんでした。プライベートでもいろいろなことがあり、精神的にも不調となりました。心配した蠟山昌一さんや奥野正寛さんが日本からやって来て、トービンと蠟山さんが話し合って、トービンは「浜田君はこちらで面倒を見るから安心せよ」と言われたそうです。

その後、何とか立ち直って、2001年3月からは内閣府経済社会総合研究所の所長として呼ばれ、久しぶりに日本で生活することになりました。当時は、デフレの弊害や金融政策の役割を、政策担当者も含めてみんなに理解してもらえれば、日本の大停滞も解決できるはずだと思っていました。

★33——**マーシャルのk**：イギリスの経済学者アルフレッド・マーシャルが貨幣数量説を定式化したときに用いた係数で、名目貨幣供給量を名目GDPで除したもの。貨幣の流通速度の逆数になる。実質経済成長率がプラスのときに物価上昇率を一定に保つためには、名目GDPが増えるので、名目貨幣供給量をkの率で増やす必要がある。

★34——**森嶋通夫**：1923～2004。経済学者。大阪大学名誉教授。LSE名誉教授。

私の主張もたびたびマスコミに取り上げられて、日本銀行OBの賀来景英さん（元・大和総研副理事長）、若月三喜雄さん（元・日本総研理事長）とは、よく対論しました。政治家もどうやら、少しずつデフレの弊害と金融政策の重要性をわかってくれるようになって、デフレ脱却に対して積極的に取り組もうという——少なくとも前半の政策はそう見えた——福井俊彦・日本銀行総裁も登場したことで、私自身も役割を果たせたかな、とも思っていました。

❖——白川総裁には少しは期待していた

勝間▶２００１年というと、デフレをめぐる論争がさかんだったころですね。

浜田▶ええ。後から見ると小泉純一郎首相、竹中平蔵・経済財政担当大臣、福井俊彦・日本銀行総裁という時代は、日本経済の状況は、それ以前ほど悪くなかったのですね。

若田部▶小泉純一郎氏が首相になったのは２００１年４月で、02年初めから景気が回復していきます。それが２００７年くらいまでずっと続くわけです。小泉政権も、最初の８カ月くらいは景気が悪くて、その後は良くなっていいます。もっとも、景気が本当に回復するのは、りそな銀行への公的資金注入と、例の巨額の円売り・ドル買い介入があった２００３年春以降だと思います。それに、デフレからの完全脱却は実現しなかった。

勝間▶所得再分配が悪かったので、かなり批判を浴びました。輸出企業を中心に過去最高益を上げながら、給与所得者にその恩恵が回らなかったからでした。

浜田▼構造改革に対する反論も、底流にそういう事情があったのですね。

若田部▼当時は、**「実感なき景気回復」**と言われました。だから民主党が2009年12月に「新成長戦略」を出したときに最初に言ったのは、公共事業で成長するという第1の道は破綻した、構造改革という第2の道も破綻した。だからわれわれは第3の道を進むのだ、ということでした。

浜田▼2003年1月に研究所長も退任して、その後も経済雑誌に依頼されて原稿を書いたりもしましたが、その数年は自分の論説もあまりパンチが効かなくなったなという感覚がありました。私も高齢ですし、日本銀行の金融政策もそれほど難は見つからないし、私にはもう出番はないと思っていたのです。

2008年4月に日銀総裁に就任した白川方明さんには、じつは少し幻想を抱いていました。あれだけ優秀な人ですから、景気の上ぶれはもちろん、下ぶれがあったときも冷静に対応できるだろうと思い、『日本経済新聞』の「経済教室」にもそう書きました。ところがリーマン・ショック、世界金融危機の後、日本銀行は何をしたのか、後から数字を見てがく然としました。下ぶれに抵抗しないどころか、景気の下降を日本銀行が加速している感があります。

勝間▼2003年から07年の回復をぶち壊して余りある、**マイナス成長**になったということですね。

浜田▼個人的には、福井前総裁よりも、学者と同じような言葉で語れる白川総裁のほうがずっと親しみがありますが、ここに至って私も、日本銀行に対してものを言わなければと強く思うようになりました。内閣府経済社会総合研究所の故・岡田靖さんといろいろと議論して、共同で論文を書いたりしましたが、どうもまったく経済学者やメディアの反応がない。

いまのデフレは**貨幣不足**から起こっていることは、誰の目にも明らかと思っていたのに、いちばん頼りになるはずの経済学者仲間がわからない、あるいはわかろうとしない。

若田部▶少し補足しておくと、白川総裁は、2006年3月の量的緩和解除の**立案責任者**です。福井総裁が最終的に量的緩和を手仕舞いしたわけですが、そのときの理論的な補強や企画を担当していたのが、当時日本銀行理事だった白川方明さんです。

浜田▶そのあたりの事情を、私ももっと早くわかっていなければならなかった。彼はまさに、能吏だったわけですね。

若田部▶そうですね。量的緩和が行われた期間でも白川さんは、量的緩和は「経済活動を刺激する効果はない」とする論考を書いています。★35 自分たちがやっていることを、「効き目はない」というのは、ずいぶんおかしな話です。

浜田▶その後、2009年の秋に私もがっかりしたままで、体調を崩し、療養のために2カ月ほど前線を離れました。復帰したら、勝間さんのご尽力で菅直人さんはじめ政治家も動いて、だいぶバランスが変わってきてほっとしました。

勝間▶ようやく少し戻した、といった感じですね。

若田部▼2010年1月に、財務大臣が藤井裕久さんから菅直人さんに交代したことも、大きな影響があったと思います。

勝間▼私たちが2009年11月に菅さんにお会いして、**「まず、デフレを止めよう」**と進言したとき、菅さんは理解を示してくれたのですが、副総理である菅さんが命令しても、実際には財務大臣、金融担当大臣が動かないとどうにもならないので、「さて、どうしたものか」と悩んでいました。そうしたら、その直後に菅さん自身が財務大臣になりました。これは大きかったですね。

❖——なぜ内需拡大が叫ばれるのか

浜田▼内閣府にいた頃でも、いまでも、政治家の先生方と話していると、「日本経済があまり外需依存型であるのはよろしくない」と考えている方は多いですね。

その問題を為替レートで解決しようとすると、円/ドルレートは円高・ドル安が望ましい、というわけです。どうも日本では、**「前川リポート」**(国際協調のための経済構造調整研究会による報告書、1986年4月)以来でしょうか、外需依存を是正するためには1ドル=80円とか90円

★35——白川方明「『量的緩和』採用後1年間の経験」小宮隆太郎・日本経済研究センター編『金融政策論議の争点——日銀批判とその反論』日本経済新聞社、2002年。

でもよいという意見が目立ちます。

勝間▼円高になると、外需がしぼんで内需が拡大するというわけですね。現実の日本経済を見れば、「そんなばかな」という話ですね。

浜田▼経済通として知られる政治家たちもしきりに、それが必要であると言っています。具体的に「1ドル＝80円が望ましい」と言われた方もいますね。

勝間▼内需拡大して、外需依存から脱すべしという議論は、そもそもどこから始まったのですか。

浜田▼前川リポートが書かれたときに、アメリカから日本の「内需拡大」を要求されたからではないでしょうか。

勝間▼それはあくまで、アメリカにとって都合のいい議論ではないか、と思います。

浜田▼前川リポートの内容は、小宮先生も批判していましたね。

若田部▼前川リポートは、今日の日本経済の停滞を考える際の、1つのキーポイントです。**プラザ合意**★36（1985年9月）と前川リポート、このあたりが日本のマクロ経済がおかしくなった転換点です。

1980年代初頭にアメリカがやっていたのは、**米ドルを高くする**ような政策でした。レーガン政権は、ポール・ボルカーFRB議長の下で、インフレを鎮圧するために金融政策を引き締める一方で、軍拡もあり財政支出は拡大しました。要するにドルの供給が少なくなる一方で、ドルへの需要が増えたわけですから、アメリカの金利は高くなり、これがドル高につながりました。それでアメリカの製造業が不利になり「産業空洞化」とか言われるようになりました。

他方で、ドル高の反面である円安の恩恵を受けた日本からの輸入品が増えて、アメリカは経常収支が赤字になる。貿易摩擦が大きく取りざたされました。本当ならば、アメリカはマクロ経済政策を転換すればいいのですが、しかし、それを**自分たちの側で調整するつもりはない**。だから、日本側から日米間の不均衡を調整してくださいということで、日本に対して内需拡大を要求し、あるいはプラザ合意のように為替レートを円高に誘導することを推し進めたわけです。ある意味でアメリカは、自分たちの責任を日本に押しつけたところがあります。

「前川リポート」が出たとき、これはおかしい、間違っていると声を挙げた経済学者は、本当にわずかでした。私はあのとき、**経済学者は「敗北」した**と思います。もっとも、それ以前もそれ以後も何度も敗北していて、敗北の歴史ですが……。

小宮隆太郎さんは、正論を吐いた数少ない経済学者の1人でした。ところが、経済学的な議論としては小宮さんの言うことも理解できるが、政治経済的に考えて、アメリカと対立するのはまずいという意見の人たちも少なからずいました。

★36――**プラザ合意**：1985年9月、ニューヨークのプラザホテルで開かれた先進5カ国蔵相・中央銀行総裁会議（G5）におけるドル高是正のための協調介入に向けた合意。

勝間▼前川リポートも徹頭徹尾間違いだらけ、というわけではなく、一部には正論も含まれているから、厄介ですね。

若田部▼そうですね。前川リポートに書かれていた金融自由化などは、たしかに必要でしたからね。

❖被害者と思い過ぎてはいけない

若田部▼宮澤喜一元首相の回顧録★37を読んでおもしろかったのは、最後の回顧で、政治家としての50年間を振り返られて、戦後日本のターニングポイント、転換点は何かという問いがありました。この問いに対して、1つは1960年代の**安保騒動**ですが、もう1つあるとすれば1985年の**プラザ合意**だと述べています。その正確な意味がわかるのはこれからだろうとも言っていましたが、その意味では、宮澤さんは相当に経済の勘どころをつかまえていた政治家という気がします。

浜田▼よくわかります。宮澤先生の部屋に行くと、『ロンドン・エコノミスト』や『フィナンシャル・タイムズ』といった海外紙誌がたくさん置いてありました。ただ、哲人政治にはいい面も悪い面があって、回顧録を読むと、やはり頭のよい方は政策判断でも、いまひとつ踏み込めないところがありますね。

勝間▼アメリカから内需を拡大せよ、円高・ドル安を受け入れよと圧力をかけられたとき、日本は反論するカードがないわけですね。それで断れないので、弱みにつけこまれたという面があると思います。

若田部▼ただ、私がよく思うのは、日本は**自分が被害者だと思い過ぎてはいけない**ということです。たとえば当時の西ドイツは、プラザ合意に当初はほどほどに付き合ったけど、最終的にはまったく共同歩調はとらなかったんですね。もちろん日米間には安全保障の問題がありますし、最大の貿易相手国がアメリカで貿易摩擦が深刻だったから、ドイツのようにはできなかったかもしれませんが、他方で日本の政策当局者が、アメリカからの要求を歓迎していた面も否定できないと思います。

勝間▼なぜ、そう思われますか。

若田部▼日本人が**「外圧」**を利用しようとした可能性があるからです。利用とまで言わなくとも、追い風と感じていた人たちはいるでしょう。たとえば金融自由化のように、外圧がなければ自由化が進まなかったと考えられた分野があります。アメリカからの圧力を機会に、自分たちのアジェンダを追求しようという人たちが国内にいたのではないでしょうか。

もう1つ、通貨当局、通貨外交にあたっていた大蔵省（現・財務省）の財務官や日本銀行の国際担当理事が、円高を歓迎しているフシが見受けられます（速水優元日銀総裁も日本銀行の国際

★37――御厨貴・中村隆英編『聞き書　宮澤喜一回顧録』岩波書店、2005年、335〜337ページ。

担当理事でした）。

終戦直後の日本は、ＩＭＦ（国際通貨基金）には参加していません。日本は敗戦国で敵国ですから当然ですね。それが、アメリカにわざわざ通貨調整を頼まれるまでになった。これは、世界の**一等国の証し**であると思っていたフシもあります。この点は、当時の公文書の公開が徐々に始まっていますから、これから解明されるでしょう。

日本が圧力を受けたのは事実と思いますが、まったく受け身だったかというと、そんなこともないという感じです。

❖世界の経済学者たちはどう見ているのか

勝間▼浜田先生は、世界の**超一流経済学者たち**と日本経済の問題について議論されてきたと思いますが、彼らの目には、日本銀行の金融政策はどう見えているのでしょうか。

浜田▼むずかしいご質問ですね。1つには、こういう政策運営をするというのは、彼らにとって思いもよらないというか……。

勝間▼ダメ過ぎて議論にも値しない、評価する以前の問題ということでしょうか……。

浜田▼まさに日本銀行のコンファレンスやそのほかの機会に日本の金融政策を論じているベネット・マッカラム、ベン・バーナンキ、ラルス・スヴェンソン★38、ジョセフ・スティグリッツなどほとんどすべての一流経済学者は日本銀行の考え方に批判的です。

ポール・クルーグマンも、しきりに財政政策を使えと言います。しかしそのときの大前提は、金融政策でできるだけのことをやって、金利が上がったり、為替レートが上がったりしないようにするのは当たり前という前提がありえます（そしてバーナンキFRB議長もそうしました）。その上で財政政策も打ち出すと考えているいると思います。金融政策が何もしない、などということは彼らにとってはありえない話でしょう。

勝間▼いま、おっしゃったことは非常に重要だと思います。おそらく、アメリカの場合は経済理論に基づく予測可能性がある範囲で、いろいろな行動をしているように思います。これに対して日本の場合は、予測可能性の範囲外のことをいくらでも行うような気がします。

浜田▼プラザ合意以降の**行き過ぎた円高**という問題を具体的に明らかにしているのが、デール・ジョルゲンソンと野村浩二・慶應義塾大学准教授の研究です[★39]。彼らは、プラザ合意以降の実質実効為替レートが円高になったことによって、輸出産業の競争条件が、産業の平均で70％近く悪化したと指摘しています。その影響を相殺するためには、販売価格を下げて、賃金を安くして

★38——**ラルス・スヴェンソン**：1947年生まれ。スウェーデンの経済学者。プリンストン大学教授を経て、現在スウェーデン中央銀行副総裁。インフレターゲットの権威でもあり、日本に対して為替レートを用いるリフレ政策を提唱している。

★39——Jorgenson, Dale W., and Koji Nomura, "The Industry Origins of the US-Japan Productivity Gap," *Economic System Research* 19 (3), September, 2007, pp.315-342.

生産コストを抑えなければならない。それがめぐりめぐって、日本経済全体にどういう影響を与えるのかということです。

若田部▼ジェフリー・サックスが[★40]2000年代前半に『ワールドビジネスサテライト』(テレビ東京)というテレビ番組にゲストとして出てきて、デフレ脱却のために1ドル＝130円くらいの為替レートをめざせ、という**為替レート・ターゲティング**の話をしました。

ジェフリー・サックスやラルス・スヴェンソンといった国際金融の専門家にとっては、デフレ脱却の手段として、為替レートにはたらきかけることを考えるのは自然な発想ですね。浜田先生も、いちばんのご専門は国際金融ですよね。

浜田▼為替レートが円安になれば、それがアンカーになるという考えです。

若田部▼そのとき、ジェフリー・サックスの対論相手だった日本人のエコノミストが、「それではアメリカが困るのではないか」と言いました。ジェフリー・サックスは**半ば呆れ顔**で、「いま日本はデフレになっている。そんなことを言っていられる場合なの？」と反駁していました。

勝間▼まったくそのとおりですね。

若田部▼本当に国益を追求するなら、きちんと戦うべきところで戦わなくてはいけない。変なところで摩擦を気にしているんですね。

勝間▼敗戦後にしみついた負け犬根性、と私はつねづね言っています。

若田部▼戦前はそうではなかったですからね。次の章で井上準之助や高橋是清のお話をしますが、彼らは国際通貨制度というものを、完璧に理解していました。
詳しくは次章でお話ししますが、井上準之助は、円高政策を、「正しい」と思ってやったのです。なぜ「正しい」のか。それは**デフレ不況を引き起こす**からです。デフレ不況を引き起こすことを知っていてやっていたのですよ。

勝間▼彼はなぜ、そんなことをしたのですか。

若田部▼デフレ不況によって不良企業が再編されて、その後、経済が復活すると考えたからです。いわば「創造的破壊」をしようとした。だから、彼の経済政策は失敗したのではなく、ねらいどおりの「成功」でした。もっとも、経済の復活はありませんでした。

勝間▼現実には創造的破壊ではなく、破壊だけだったというわけですね。

若田部▼井上や高橋は、国際金融のメカニズムをきちんと、正確に理解していました。それが**戦前期の日本のトップエリート**でした。ところが戦後はどうも、アメリカに追従していれば大丈夫といった感覚があったのではないか。それが、プラザ合意で大きく裏目に出たのではないでしょうか。

浜田▼そのあたりのお話はとてもおもしろいですね。では、次の章では若田部さんに、日本の昭和恐慌と、世界大不況のお話を詳しくお聞きしましょう。

★40——**ジェフリー・サックス**：1954年生まれ。アメリカの経済学者。コロンビア大学教授。

第5章

歴史に学ぶ「反デフレ」の闘い

——大不況・昭和恐慌の教訓

勝間▼この章では若田部さんに、世界大不況と日本の昭和恐慌についてお話ししていただきましょう。大不況と昭和恐慌に突入していく過程、そしてそこから脱却した過程については、私たちが学ぶべきものがたくさんあると思います。

それではじめに、私たちは大不況・昭和恐慌について、学校の歴史の授業で少し習っただけですから、正しい時間軸を確認する意味で、まず何年から何年を大不況と呼び、何年から何年を昭和恐慌と呼ぶのかを教えて下さい。

若田部▼それは非常に大事なポイントにつながるわけでして、冒頭から**核心に迫る**ご質問という感じですね。

一般には大不況は1929年10月のウォール街での株価暴落から始まったとされています。そして昭和恐慌は1929年末か30年初頭から始まって、32年の春には回復しています。日本では、約2年という割と短い期間で済みました。

一方、大不況の終わりですが、これはみなさん、かなり長いという印象を持っているようです。実際には、後で見るように国によって終わった時期が違うのですが、アメリカの不況が長引いたために、大不況も長かったと思われているようです。

アメリカが長引いたのは、途中で失策があったからですが、これは後で詳しくお話ししましょう。

ここで1つ重要なのは、世界大不況と日本の昭和恐慌を**1つのものとして見る**という視点です。大不況と昭和恐慌には共通の背景があります。日本はなぜ早く回復できたのか、そしてアメリカはなぜ回復が遅れたのか。それらの答えのカギとなるのが**金本位制**です。

最近、歴史上のデフレの例として取り上げられることの多い19世紀末の欧米諸国のデフレも、カギとなったのは金本位制でした。ざっくりとそう理解すればよいでしょう。

❖——なぜか19世紀末のデフレの話が好き

浜田▼日本人はどういうわけか大不況の話題よりも、19世紀末のデフレの話が好きですね。どうしてでしょうね。

若田部▼それは19世紀末のデフレが**「良いデフレ論」を喧伝**するための材料として使われたのでしょうね。彼らは、19世紀末のデフレを例に挙げて、デフレの下でも経済成長は可能だ、実質経済成長率は高かったと主張します。

一般に「歴史に学ぶ」ということは、みなさん好きですので、私のような者にも多少なりとも需要があります。ただ、過去の事例に学ぶということは、そんなに簡単な話ではありません。なぜ時代的により現代に近い大不況の話題を飛ばして、19世紀末の話をしようとするのか。19世紀末は、おそらく賃金の調整も早かったと考えられますし、それこそ現代とはさらに産業構造が違うとも言えます。自説を補強するために、より都合の良い例が使われているということかもしれません。

19世紀末のデフレについてはもう1つ、重要なポイントがあります。それは大不況とも関わることですが、当時デフレになっていない国もあったのです。じつは日本がそうでした。アメリカもイギリスもフランスもドイツもデフレでしたが、日本やロシアはデフレになっていません。なぜか。結論を先に言ってしまうと、**金本位制ではなかった**からです。

先述のように、**金本位制**は、たとえば1万円札は金△△グラムと兌換できると決められていて、実際に日本銀行に1万円札を持って行けば、何グラムかの金と交換してもらえるという制度です。**金を貨幣の裏づけ**としているわけです。ここで「1万円札は金△△グラムと兌換できる」という比率のことを**金平価**（あるいは平価）と呼びます。この章でもたびたび出てくるので、覚えておいて下さい。

もう1つ重要な点は、金本位制を採用した国の間では、原則として**為替レートが固定**されるということです。たとえば、日本では金1グラム1万円、アメリカでは金1グラム50ドルと決めたとすると、1万円と50ドルが同じ価値になりますから、1万円÷50の割り算をすると、1ドル＝200円の固定レートとなります。

金本位制の下で、もしみんないっせいに日本銀行にやってきて、1万円札と金を交換しろと迫ったとき、日本銀行がそれに対応できないとなると、誰も1万円札が本当に1万円分の価値があるのか、不安になってしまいます。そこで日本銀行は、つねに大量の金を持っていなければなりません。裏を返せば、金本位制の下では、日本国に出回る貨幣の量は、日本銀行が持っている**金の量に制約**されてしまうわけです。

❖――少なくなるとみんな欲しがる

勝間▼市中に出回る貨幣の量が制約されると、デフレが起きる可能性があるということですね。

若田部▼はい。実際に金本位制の下で起きたデフレの代表例が、19世紀末のデフレであり、大不況・昭和恐慌であったわけです。

先ほど挙げた日本やロシアは、金本位制ではなく、金銀複本位制、あるいは銀本位制でした。これは、貨幣の裏づけとして、金だけでなく銀も認めるという制度です。金と比べると銀の産出量は多いので、市中に出回る貨幣の量が制約されにくいのです。

19世紀末には、金本位制を採用していた国は軒並みデフレになりました。そうでない国は、インフレになったりデフレになったりしています。

金本位制を採用した国がデフレになった理由は簡単です。いろいろな国がいっせいに金本位制に行ったからです。そうすると何が起きるか。金が貨幣の裏づけとなっていたのは、金には希少価値があるからですね。「多くない」ことに意味がある。ところが、金本位制の下では、中央銀行は大量の金を持っていなければならない。どの国もみんな金本位制に行ったものだから、**金が足りなくなって**、中央銀行は**貨幣の量を絞らざるをえなくなった**。

勝間▶貨幣の絶対量が少なくなると、貨幣の価値が上がっていく、つまりデフレになったというわけですね。何だか、子ども銀行券と同じですね。少なければみんな欲しがるけど、大量にあると、それほど欲しくなくなる。**「需要と供給」**っていうフレームワークで見ると、本当に**多くの経済現象が説明できる**んですね。

若田部▶そのとおりです。需要と供給という枠組みは強力だと思います。需要と供給、さらには、浜田先生が言われた**「貨幣経済のワルラス法則」**がわかると、たいていのことはわかるという感じですね。

勝間▶私たちは貨幣経済のなかに住んでいて、つねに貨幣を持つかモノを持つかという選択を行っている。だから、貨幣の世界とモノの世界を切り離して、貨幣に対する需要と供給と、モノに対する需要と供給は、決して別個に決まるわけではない、ということですね。

浜田▶すごい直観力です。さすがにここまで来ると、勝間さんも「経済学通」になりましたね（笑）。

若田部▶今回の特別講義は、無事に「修了」に近づいているということですね。

❖——大不況5つの誤解

若田部▶さて大不況・昭和恐慌について理解するには、一般に大不況について言われていることには、**じつは「誤解」がある**、という切り口のほうがわかりやすいでしょう。

それで、大不況・昭和恐慌についての一般的な理解を確かめようと思って、高等学校の世界史と日本史の教科書を読んでみたのですが、これがなかなかおもしろいですね。

「おもしろい」というのは、教科書の知識というものが、みんなによく浸透していることがわかります。専門家ではない人たちが持っている歴史の知識は、学校の授業から得ていることが意外と多いと思いました。ただし、そこには、私たち経済学者から見ると、誤解を生むような記述もあります。

勝間▶なぜそのように、大不況の解釈に違いが生じてしまうのでしょうか。

若田部▶やはり、**経済学者と歴史学者では、とらえ方が違う**からでしょうね。これは、アメリカでも似たような状況です。経済学者の間では、大不況は金本位制に問題があったとか、FRBの金融政策の失敗によるものだといった、大きな方向でのコンセンサスがあります。しかし、教科書を執筆するような権威ある歴史学者には、経済学者の研究の成果がまだ浸透していないのかもしれません。

もう1つは、**マルクス主義**的な歴史学の影響が強いのかなと思います。歴史の教科書を読んでいると、端々で「独占資本」といった言葉が出てきます。そういう言い方から推察するに、おそらく、マルクス主義の枠組みは色濃く残っているのでしょう。

ただし、誤解のないように言っておくと、経済学者の研究の成果が完全に無視されているわけではありません。たとえば日本史の教科書では、後で述べるように、浜口雄幸と井上準之助が金本位制への復帰を推し進めた理由について、正しく認識した記述もあります。それなりに進歩しているという気はします。

それではここで、一般に流布している「大不況の誤解」を5つ挙げましょう。

誤解①「1929年10月ウォール街の株価暴落で始まった」。

誤解②「フーヴァー★1大統領は無能だった。回復にはルーズベルト★2大統領が必要だった」。

誤解③「ルーズベルトの行ったニューディール政策によって大不況から脱出した」。

誤解④「為替切り下げ競争と関税引き上げ競争が大恐慌を激化させた」。

誤解⑤「完全に回復するには、1941年のパールハーバーを待たなければならなかった」。

これらは主として、大不況下のアメリカに関するものです。後でアメリカについて詳しく見るときに、どこが誤解なのか、正しい事実はどうだったのかをお話しします。

❖――金の産出量がインフレもデフレも引き起こした

若田部▼繰り返しになりますが、大不況・昭和恐慌を理解する上での**カギは金本位制**です。金本位制は、第一次世界大戦によって一時停止されていましたが、1920年代に入って、各国は再び金本位制に戻る動きを始めました。

勝間▼当時の人々は、なぜ金本位制がよいと考えたのですか。

若田部▼まず、金本位制の時代はまさに**黄金時代**だったという考えがありました。本当を言うと19世紀末のデフレがあり、その当時は困っていたという意見もあったのですが、その後デフレが解消するとその記憶もなくなりました。また金という裏づけなしに貨幣を発行できるようにすると、インフレになってしまうのではないかという恐怖感もあったでしょう。

先ほど、金本位制の問題点は、デフレが起きる可能性があることだとお話ししましたが、じつは、インフレも起きてしまうのです。何らかの理由で**金が増えてしまう**と、それだけ貨幣の量も増えて、**インフレ**が起きます。

勝間▼実際に金が増えてしまうことがあったのですか。

若田部▼ええ。金鉱山が大量に発見されたためです。19世紀末のデフレが起きる前は、じつは少々インフレ気味でした。なぜなら、カリフォルニア（1849年）とオーストラリア（185

★1――**ハーバート・フーヴァー**：1874～1964。共和党出身のアメリカ合衆国第31代大統領。在任期間は1929年3月～33年3月。

★2――**フランクリン・ルーズベルト**：1882～1945。民主党出身のアメリカ合衆国第32代大統領。在任期間は1933年3月～45年4月。

1年）で金鉱山が発見され、金の供給量が急増したからです。基本的には、金に対する需要と供給のバランスによって、インフレになったりデフレになったりするわけです。当時の経済学者たちも、どうやら**金本位制は物価を安定させない**のではないかと薄々気づき始めました。

ちなみに、19世紀末のデフレがなぜ終わったのかというと、やはり金の供給量が増えたからでした。金の価値が上がったので、人々は一生懸命、金を探し始めました。南アフリカでは、トランスヴァール大金山が発見されました。同じ頃、青酸カリを使って、金鉱石から金を精錬する技術が飛躍的に発展しました。これは青化法と言います。

勝間▶今日の石油と似ていますね。石油の価格が上がれば、みんな一生懸命、新たな油井を掘ったり、休んでいた油井を再び掘り始める。それで石油の供給が増えて、石油の価格が下がると、再び供給量を調整しようとする。まさに、**魚心あれば水心**ですね。

若田部▶そのとおりです。人々はインセンティブに反応します。こうして、金の価値が上がれば、みんなそれを探し回って供給量が増える。誰もコントロールできない形でインフレが起きたりデフレが起きたりする。金というものの独自の価値が上がったり下がったりすると、それによって経済全体が大きな影響を受けてしまう。

金本位制は、さまざまなマクロ経済政策の独立性、自律性を制約する仕組みです。だからこそ金本位制がよいのだ、という議論もありますし、それが問題だという人もいます。当時、金本位制を支持する人たちは、何十年ものスパンで見て「物価は安定している」という議論をしていました。けれども、物価が安定するまでには多くのデメリットがある。何十年もかけて物価を安定させるのではなくて、なぜ、いま安定させないのか。

結局、金本位制の下で世界大不況が起きて、**金本位制は生き残ることはできなかった**。ほぼ過去の遺物と言ってよいでしょう。

日本の昭和恐慌も、基本的には金本位制がもたらしたものでした。日本だけでなく世界の各国は、1920年代半ばから次々に金本位制へ復帰していきました。これらは、現代から見ると、大不況への道を準備していく過程になります。ですから、1929年10月のウォール街の株価暴落である日突然、大不況になったのではなく、それ以前のさまざまな動きの積み重ねとして、そこに至ったのです。

❖——回復の早さを決めたものは何か

若田部▼図5-1は、**われわれの「キラーパス」**です。この図を見ても納得してもらえない場合には、もうあきらめたほうがよいというくらい、それくらい明白な事実を示しています。
この図は、世界大不況に関する**「国際比較アプローチ」**[★3]の主唱者であるベン・バーナンキFR

★3——国際比較アプローチ：一国だけでなく、複数の国の比較を通じて大不況の原因と特徴を明らかにしようとするアプローチ。かつてのケインジアン・マネタリスト論争が、主としてアメリカだけを対象にして解決がつかなかったことの反省から生まれた。

図5-1●大不況の頃の卸売物価指数（WPI）

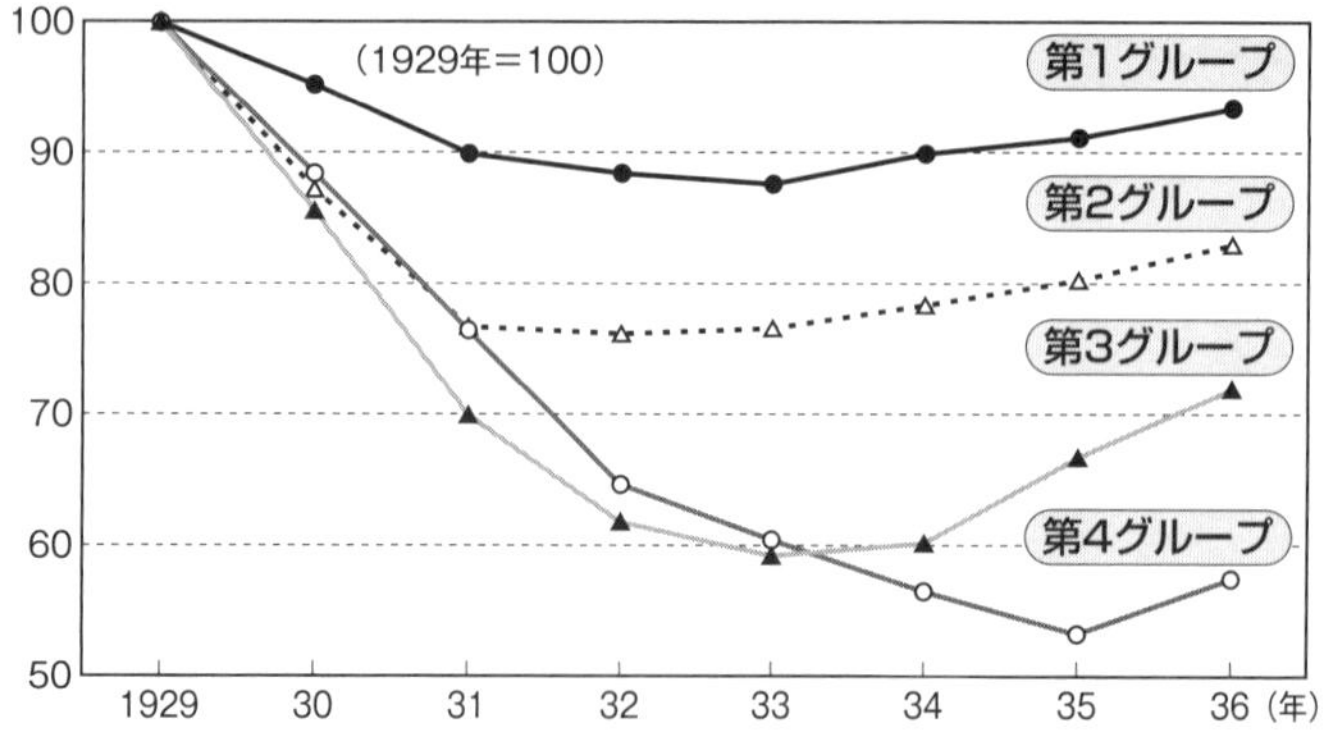

（出所）高橋洋一「大恐慌‘最新研究’の日本への教訓」『週刊エコノミスト』2003年2月4日号，38～40ページ．

B議長らが作成したデータをグラフにしたものです。当時の各国の卸売物価指数を見ると、１９２９年からどんどん下がっていった、つまりデフレが起きました（当時は消費者物価の統計がそろわないので卸売物価指数を使っています）。

よく見ると、デフレの度合いが小さくて回復も早い国のグループと、デフレが深刻で回復まで時間がかかった国のグループがあります。回復が早かったほうから順に、第１グループ、第２グループ、第３グループ、第４グループと分けましょう。

勝間▼なぜこのように、明暗が分かれたのですか。

若田部▼先述のように、世界各国は１９２０年代に次々に金本位制に復帰しました。それによって世界の国々がデフレ不況に陥りました。そこから脱却するには、金本位制から離脱すればよい。図５－１は、まさに、**金本位制からの離脱が早**

かったか、あるいはそもそも**金本位制に復帰しなかった**国ほど、**回復が早かった**ということを示しています。以下この章では、このグラフに即してご説明しましょう。

第1グループは、そもそも金本位制に復帰していないか、あるいは1931年までに金本位制を離脱した国で、スペイン、オーストラリア、ニュージーランドです。第2グループは1931年に金本位制を離脱した国で、イギリス、ドイツ、スウェーデンなど14カ国。日本もここに入ります。第3グループは、1932~35年に金本位制を離脱した国で、アメリカ、イタリアなど4カ国です。アメリカは回復が遅いほうのグループなんですね。そして第4グループは、1936年に至っても離脱しなかった国で、フランス、オランダ、ポーランドです。

ここで、いちばんはじめの、「大不況は何年まで続いたのか」という質問にお答えすることができます。終わった時期は、政策対応によって国ごとに違っていたのです。

勝間▶考えてみれば、世界的な経済危機とは、そういうものかもしれませんね。ほぼ同時期に始まって、終わる時期は国によって違う。しっかりと対応した国は早く危機から脱出して、そうでない国はいつまでも危機が続く。

若田部▶そうですね。2008年のリーマン・ショックに端を発する世界経済危機は、The Great Recession と言います。1930年代の大不況は The Great Depression です。The Great Recession がどれだけ続くかというと、**どれだけ早く手を打つか**によって決まります。オーストラリアや韓国のように先手を打った国は、早々と景気回復しています。オーストラリアに至っては、危機対応の金融緩和から平時の金融政策への移行、いわゆる「出口政策」にとりかかっています。

勝間▶いまの日本は「金本位制」にとらわれてはいませんが、何だか「日本銀行本位制」にとらわれて早く手を打てない、という印象ですね。

若田部▶それは非常に重要なポイントです。金本位制の話をすると、「現代の日本は金本位制ではないから、そんな話をしても意味がない」と批判されることがあります。かつて、岩田規久男先生が編者となって私も執筆者の1人として参画した『まずデフレをとめよ』(日本経済新聞社、2003年)という本に対しても、「現在の日本は金本位制ではない。1930年代と同じようにはいかないのではないか」という書評が寄せられました。

だけど、じつはそこが重要なポイントなんです。たしかに、いまの日本は変動相場制です。にもかかわらず、あたかも固定相場制のように、特定の過大評価された為替レートに固執したり、円高がいいと思い込んで金融緩和を出し惜しみしたりすると、途端に大不況・昭和恐慌の世界へ行ってしまいます。

具体的には、日本銀行の金融政策は、為替レートが**ある一定のレンジ**に収まるように、少なくとも**円安を抑える**ように運営されていた可能性があります。安達誠司さん(ドイツ証券エコノミスト)はこれを、**「円の足枷」**と表現しました。★4 浜田先生も、内閣府経済社会総合研究所の故・岡田靖さんと同趣旨の論文を書かれていますね。★5

❖——悲劇的だったドイツ

勝間▼図5–1の第1グループの国々は、大不況の影響を受けなかったのですか。

若田部▼もちろん、まったく影響がなかったわけではありませんが、ほかの国と比べると損害は小さかったと言えるでしょう。スペインは、じつは最後まで金本位制に復帰しなかったのですが、内戦が始まったために別の理由で経済が悪化しました。

勝間▼第2グループの国々はどういう状況でしたか。

若田部▼第2グループには、イギリスや日本、ドイツが入ります。

イギリスは1931年9月に金本位制から離脱しますが、その後、金融緩和を躊躇します。その分だけ回復が遅れました。しかしその後、本格的に金融緩和を始めると、そこから先は景気が回復していきます。イギリスは財政赤字も大きかったので、財政政策は使えなかった。にもかかわらず、大不況からは回復しています。

日本の昭和恐慌が比較的短かった理由は、先に傷口を押さえたからでした。日本については、後でさらに詳しく見ていきましょう。

★4——安達誠司『円の足枷——日本経済「完全復活」への道筋』東洋経済新報社、2007年。

★5——岡田靖・浜田宏一「実質為替レートと失われた10年」『季刊政策分析』第4巻第1・2合併号、2009年。

これに対し、**ドイツ**はある意味で**悲劇的**でした。日本も最終的には悲劇的な結末を迎えましたが、ドイツはもっと早く悲劇がやってきました。ドイツは、1931年7月に金本位制から事実上の離脱をします。しかしその後、当時の首相ブリューニング★6は、景気対策には乗り出しませんでした。

第一次世界大戦の敗戦国であるドイツは、多額の賠償金を背負っていました。ブリューニングは、対外関係の清算を優先度の高い政策と考えていました。いちばんよいのは、ドイツは1マルクたりとも払えないという状態を見せることです。そこで最終的には、金融引き締め、賃金切下げという**デフレ政策を断行**します。

もう1つには、ドイツの国民はハイパーインフレに対して強い恐怖心を持っていたので、金融緩和はしにくかったという事情もありました。つい7年前に、実際にハイパーインフレが起きたばかりですから、彼らにとっては現実的ですよ。

勝間▶ドイツは、ほかの政策を選択する余地はあったのでしょうか。

若田部▶それはまさに、この時代のドイツを研究している人たちが、つねに直面する問題です。たしかに当時のドイツでも、イギリスが金本位制から離脱したときに、金融緩和、財政出動に乗り出せと主張した人はいましたが、基本的には受け入れられませんでした。その後の経緯はみなさんご存知のとおりですね。失業率の上昇と、ナチスの得票率の上昇が、ほとんど平行に推移していきます。

❖——デフレ不況を起こしたかった

勝間▼ここまでのお話をまとめましょう。1920年代に世界各国は次々に**金本位制に復帰**して、世界中で**デフレ不況**が起きた。それが「大不況」ですね。日本も例外ではなく、金本位制への復帰によって経済は大きく収縮した。それが「昭和恐慌」ということですね。

若田部▼そのとおりです。この章のはじめにお話ししたように、大不況と昭和恐慌を1つのものとして見ることが重要なのです。

さて日本の昭和恐慌に関して、さらに詳しく見ていきましょう。まずは1920年代の金本位制への復帰に向かう過程です。これを主導したのは、1929年から31年にかけて首相であった**浜口雄幸**[★7]と、蔵相であった**井上準之助**[★8]でした。

今日、みなさんが持っている浜口・井上のイメージに、大きな影響を与えているのは、言うまでもなく城山三郎の小説『**男子の本懐**』です。この小説では浜口・井上が行ったことを、かなり積極的に評価しています。

★6——ハインリヒ・ブリューニング：1885〜1970。ワイマール共和制末期の1930〜32年にドイツの首相を務めた。

★7——浜口雄幸：1870〜1931。政治家。1929〜31年内閣総理大臣。

★8——井上準之助：1869〜1932。銀行家、政治家。日銀総裁、大蔵大臣を歴任。

浜口雄幸

井上準之助

勝間▼実際のところ、なぜ浜口・井上は金本位制への復帰をめざしたのでしょうか。

若田部▼ある日本史の教科書の（本文ではなく）注記に、わかりやすくまとめてあります。引用しましょう。

「（1930年当時の：引用者注）為替相場の実勢は100円＝46・5ドル前後と円安であったが、100円＝49・85ドルの旧平価で解禁（金本位制への復帰：引用者注）したので、実質的には円の切り上げとなった。円高をもたらして日本の輸出商品を割高にし、ひいては日本経済をデフレと不況に導く見込みの強い旧平価解禁をあえて実施したのは、円の国際信用を落としたくないという配慮に加えて、生産性の低い不良企業を整理・淘汰して日本経済の体質改善をはかる必要があるとの判断があった。[★9]」

先ほどは教科書の記述には「誤解もある」と言いましたが、この記述は正確ですね。ここには、円高の為替レートで金本位制への復帰を行った理由として、2つ挙げられています。

1つめが、**「円の国際信用**を落としたくない」ということ。そういう意図はありえました。発展途上国は多くの場合、外国からおカネを借りています。当時の日本もそうでした。日本にはかつて、旧平価で結んだ契約に基づく外国からの借金がありました。円安になると、円建ての債務の価値が上がってしまいます。海外からおカネを借りている途上国がつねに直面する問題です。

2つめが「生産性の低い**不良企業を整理・淘汰**して日本経済の体質改善をはかる」ということですね。竹森俊平さん（慶應義塾大学教授）が流行らせた言葉で言うと、**「清算主義」**ですね。

これについては『男子の本懐』でも、誤解なく描写されています。

前章の最後にお話ししたように、浜口・井上は、「デフレ不況に導く見込みの強い」金本位制への復帰を実施したという以上に、**「デフレ不況を起こすために」**だったのです。そこを誤解してはいけません。不良企業を淘汰するためには、デフレ不況が必要だというのが、浜口・井上の議論の肝です。彼らは清算主義を望ましいと考えていただけでなく、デフレ不況が「劇薬」になると考えていました。

★9——石井進ほか『詳説日本史 改訂版』山川出版社、2009年、320ページ。

勝間▼そうすると確信犯ですね。デフレでもいいと思ってやっていた。

浜田▼若田部さんは、浜口・井上は経済のメカニズムをよくわかっていて、金本位制への復帰が何をもたらすかも正しく把握していたと言われますが、その意図を示す証拠もあると考えてよいですか。

❖――伸びんがために縮む

若田部▼はい。それは彼らの発言を追っていけば明らかです。**「明日伸びんがために今日は縮むのであります」**という浜口の言葉ですね。いまは縮むと言っているわけです。今日ふうに言えば、「痛みに耐えて」といったところでしょうか。

「これに伴う小苦痛は、前途の光明のためにしばらく忍ぶ勇気がなければなりませぬ」とも言っています。だから、自分たちがデフレ不況をもたらす政策をしているという自覚は、正確にあったと思います。

こうして見ていくと、浜口・井上は誤解されていたとも考えられます。つまり当時の人々は、金本位制への復帰によって景気はすぐによくなると思い込んでいたのではないか。

1920年代の日本は、1990年代の日本と非常によく似ています。第一次世界大戦では、特需もあって非常に好景気になりました。ところが、1918年に戦争が終わって、バブルが崩壊したような状態になり、1920年代にはデフレの下での停滞が続きます。それを打ち破るた

表5-1●1920～30年代と1990～2000年代との比較

1918年 第一次世界大戦 終戦後のバブル崩壊	1920年代 デフレと停滞	浜口・井上 財界整理	高橋財政金融
1990年 バブル崩壊	1990年代 デフレと停滞	小泉・竹中？ 構造改革？	？

めに何をすべきかという文脈で出てきたのが清算主義でした。とにかく1回清算したほうがいいというわけです。

日本が金本位制に復帰したのは1930年1月で、翌31年の12月に離脱しています。金本位制に復帰する以前も、日本はずっとデフレと停滞が続いていて、金本位制に復帰したために、一段とひどいデフレ不況に陥ってしまったという感じです。

浜田▼実勢レートよりも円高の水準での金本位制復帰を準備するためには、金融引き締めが必要ですね。それも不況圧力になりますね。

若田部▼そのとおりです。1920年代の日本がデフレだった理由を、そのように説明する論文もあります。いずれは金本位制に復帰するだろう、円高に向かうだろうという期待があったので、**基調としてはデフレ的な環境**だったというのです。

1990年代以降の日本も、1990年にバブル崩壊があって、1990年代には1920年代のような停滞が続く。現代の日本で浜口・井上にあたるのは、小泉・竹中だと言う人もいますが、これは議論が分かれるところでしょう。

2000年8月の速水優日銀総裁（当時）による**ゼロ金利解除**には、

引き締めによって構造改革を誘発しようという意図があったのではないかという人もいます。速水総裁がそこまで覚悟していたのかどうかを明らかにするには、より研究が必要でしょうね。先述の溝口元財務官による円売り・ドル買い介入と日本銀行の量的緩和を評価すれば、小泉・竹中の時代にレジーム転換があったという言い方もできると思います。

いずれにせよ、1920年代の「不良企業の整理・淘汰」と、構造改革のようなある種のハードランディング路線とは、パラレルな関係にあるという見方もできます。

勝間▼不況になると、本当に生産性の低い産業が整理されるのですか。

若田部▼それは非常にいい質問です。1931年、まさに昭和恐慌の最中に重要産業統制法案ができます。産業を整理するためにカルテルをつくり始めたのです。カルテルを使い始めると、要するにシェアが高い企業の力が強くなります。そうすると、声のでかい者、コネの強い者、そういう政治力のある者が生き残ることになります。

勝間▼いわゆる**既得権益**を持った人たちの声が強くなるわけですね。

若田部▼だから、不況のときにはむしろ、生産性の低い企業が生き残る可能性のほうが高いのです。シェアの大きさは、必ずしも生産性の高さをあらわしているわけではありませんからね。さらに、カルテルをつくり始めると、今度はシェアが固定化されて競争が乏しくなります。ますます生産性の低い産業、企業が生き残るような環境になります。

❖――高橋金融財政のすばらしい成果

若田部▼浜口・井上が行ったことについて、**彼らは不運だった**のだという言い方をされることもあります。つまり、金本位制から離脱せずにもっと続けていれば、うまくいったかもしれない、世界大不況という海外からの災害がなければ、この政策は成功したかもしれないというのです。

これが成り立たないことは、これまでの話から明らかですよね。なぜなら、彼らは**デフレ不況にしよう**と思って**金本位制への復帰**をしたのですから。浜口・井上不運説を言う人たちは、このくらいならばいいという「最適な不況のレベル」のようなものを考えているのかもしれませんが、それは現実的ではないですね。

勝間▼非効率な産業が淘汰されはするけれども、全滅はしないようなレベルの恐慌に調整するというのは、ちょっと無理な話ですよね。

若田部▼浜口・井上不運説には、もう1つ根本的な問題があります。そもそも、金本位制の結果として大不況が起き、日本も昭和恐慌に陥ったのですから、「日本が金本位制に復帰しても、恐慌に陥らなければ」という**仮定自体が成り立たない**のです。金本位制に復帰していなければ、多少は世界経済収縮の影響を受けたとしても、恐慌にはならなかったでしょう。

勝間▼昭和恐慌からの脱出は、何によってもたらされたでしょうか。

若田部▼基本的には2つの政策です。1つは1931年に**金本位制から離脱**したこと、もう1

つは拡張的なマクロ経済政策を行ったことです。後者は具体的には、1932年11月から始まる**国債の日銀引き受け**[★10]です。これを主導したのが、31年12月に犬養毅政権で大蔵大臣に就任した高橋是清[★11]です。

高橋是清

高橋是清が行った恐慌脱出策は、一般には「高橋財政」と呼ばれていますが、私は必ず**「高橋金融財政」**と言っています。カギとなったのは財政政策よりも金融政策だったのです。ミルトン・フリードマンも「財政政策と込みになった金融政策は、金融政策だ」と言っています。

高橋金融財政の成果は**すばらしい**ものでした。1932年から35年までの4年間、平均インフレ率2・1~2・21%程度で、平均実質成長率は7%にもなりました。

勝間▼『男子の本懐』では、高橋金融財政についてどのように書かれていますか。

若田部▼『男子の本懐』は浜口・井上に焦点を合わせていて、その後に高橋が行ったことについては、ほとんど出てきません。井上の後任の蔵相となった高橋は、金本位制を即時停止しました。『男子の本懐』では、その後の経緯について、読者にある特定の、ネガティブなイメージを与える書き方をしています。たとえば、株価が上がってインフレがやってきた、ダイヤモンドなどの奢侈品が売れるようになった、というわけです。平均物価上昇率2％や、平均実質成長率7％という事実には触れていません。

勝間▼当時の世論は、高橋是清の政策を支持していましたか。

若田部▼それについては、中村宗悦さん（大東文化大学教授）が、『大阪毎日新聞』や『東京朝日新聞』の論調を調べた、非常に興味深い論文を書いています。★12 たとえば、高橋金融財政の初期に、新聞の社説がどういう評価をしているかを明らかにしています。

当時はリフレ政策という言葉はまだ一般的ではなく、「インフレ政策」と言われていました。**新聞論調はやはり批判的**で、典型的には「もしかやうなこと（インフレーションによる景気刺激）が財界を繁栄せしむる方法となるならば、世の中に不景気打倒ほど容易なものはないと言いうる」という言い方です。

実際にアメリカが金本位制を離脱してからは、日本のインフレ政策も徐々に評価されてきました。ただ、今度は財政再建が問題になってきます。もちろん財政赤字がふくらんでいたのは事実です。いまの日本と似ていますね。

★10——**犬養毅**：1855～1932。政治家。文相、逓相、首相を歴任。
★11——**高橋是清**：1854～1936。銀行家、財政家。日銀総裁、蔵相、首相を歴任。
★12——中村宗悦「金解禁をめぐる新聞メディアの論調」岩田規久男編著『昭和恐慌の研究』2004年。中村宗悦「『高橋財政』に対する新聞論調——『東京朝日新聞』社説の分析」『歴史評論』2010年3月号。

浜田▼きちんと生産や所得が増えることが、財政問題の解決になる面もありますね。短期的には増税や財政支出削減が解決策となりますが、長期的な観点では経済成長こそが解決策です。その両方を考えなければいけないわけです。

若田部▼それが、まさに高橋是清が考えていたことです。高橋は1934年頃から、公債漸減方針を打ち出し、少しずつ財政再建のほうに軸足を移していった。ただし、増税には慎重でした。高橋の言葉として、「豚は太らせてから食べるものだ」というのがあります。痩せているときに焼いてしまっては意味がない。増税するならもっと景気がよくなってからだ、という意味です。

❖高橋は軍部の恨みを買った

勝間▼高橋是清が蔵相に就任する直前の、1931年9月に**満州事変**[★13]が起きましたが、その影響はありましたか。

若田部▼関東軍が中心となって満州国を建国したこともあり、1931年、32年には、軍事費が膨張しました（その後は36年まで横ばい）。世論も一時期的には、軍部を後押しします。政党政治のほうは、権力闘争ばかりで人気をなくしていました。

そういう流れに対して、政党政治家たちが最大限の反撃に打って出ます。最終的には、1936年2月20日に総選挙があって、そこで高橋是清を支持する議員たちが票を集めて挙国一致内閣のような雰囲気が高まってきます。

そしてその1週間後、1936年2月26日に**2・26事件**が起きます。この日に青年将校によるクーデター騒動が起きたのは、決して偶然ではありません。総選挙の1週間後というタイミングをねらったのです。

このままでは、高橋是清を中心とした政党政治家が力を持つ可能性がある。もちろん軍部は、軍事費を削ろうとしていた高橋が憎いわけです。当時は予算も閣議で決めていましたが、連日徹夜のたいへんな交渉が続きます。そのとき高橋は閣議で陸軍、とくに幼年学校出身者を強い調子で批判します。高橋の発言を引用しましょう。

「およそどこの職場に働く者でも、その必要とするいわゆる常識は、中学校で涵養されるべきものだ。現に、陸軍よりはるかに特殊な知識技術を必要とする海軍では、中学校から兵学校に進んだ者で、結構用の足りる立派な海軍士官が養成されているじゃないか。陸軍だけが、普通人の常識涵養所たる中等教育を受けさせず、小学校からただちに地方幼年学校に入れ、社会と隔離した特殊の教育をするということは、不具《ママ》者をつくることだ。陸軍ではこの教育を受けた者が嫡流とされ、幹部となるのだから、常識を欠くことは当然で、その常識を欠いた幹部が政

★13——**満州事変**：1931年9月18日、満州駐留日本陸軍（関東軍）が柳条湖において南満州鉄道の路線爆破を自作自演し、それを口実に満州全土の占領に至る軍事行動。1932年3月1日、清朝最後の皇帝溥儀を元首とする満州国が建国された。1933年5月31日の塘沽協定で正式に終結した。

治にまで嘴を入れるというのは言語道断、国家の災いというべきである。[★14]」

勝間▼この発言は、本当にすごいですね。「体を張って」軍部の膨張を止めようとしたことがよくわかります。でも、言われたほうは怒りますよね。

若田部▼ええ。この発言で陸軍幼年学校出身者たちの恨みを買ったことが、事件の原因という人もいるくらいです。事実、高橋是清は2・26事件で何発も銃弾を撃ち込まれた後に、刀で袈裟掛けに切られています。

勝間▼昭和恐慌からの回復は、軍事費の増大によるものだという見方もありますね。

若田部▼実際の数字を見てみましょう。図5-2は、ある日本史の教科書に掲載された、「軍事費の増大と国家予算の膨張」です。もちろん1931年、32年あたりは多少伸びていますが、**それ以降は横ばい**です。

勝間▼軍事費の増大は、景気刺激策としての効果は大きくなかったということですか。

若田部▼一般に「15年戦争」という言い方もありますから、やや誤解が生じる可能性がありますが、1931年の満州事変では、軍事活動自体はそれほど大規模に拡大しなかったのです。**軍事費の増大がデフレ脱却をもたらしたわけではありません**。ただし、1936年に軍部によるクーデター騒動があって、37年に日中戦争が始まると軍事費も拡大しました。

時系列的には、たしかにその時期に満州事変が起きましたから、軍事費が拡大して恐慌から脱

図5-2●軍事費の増大と国家予算の膨張

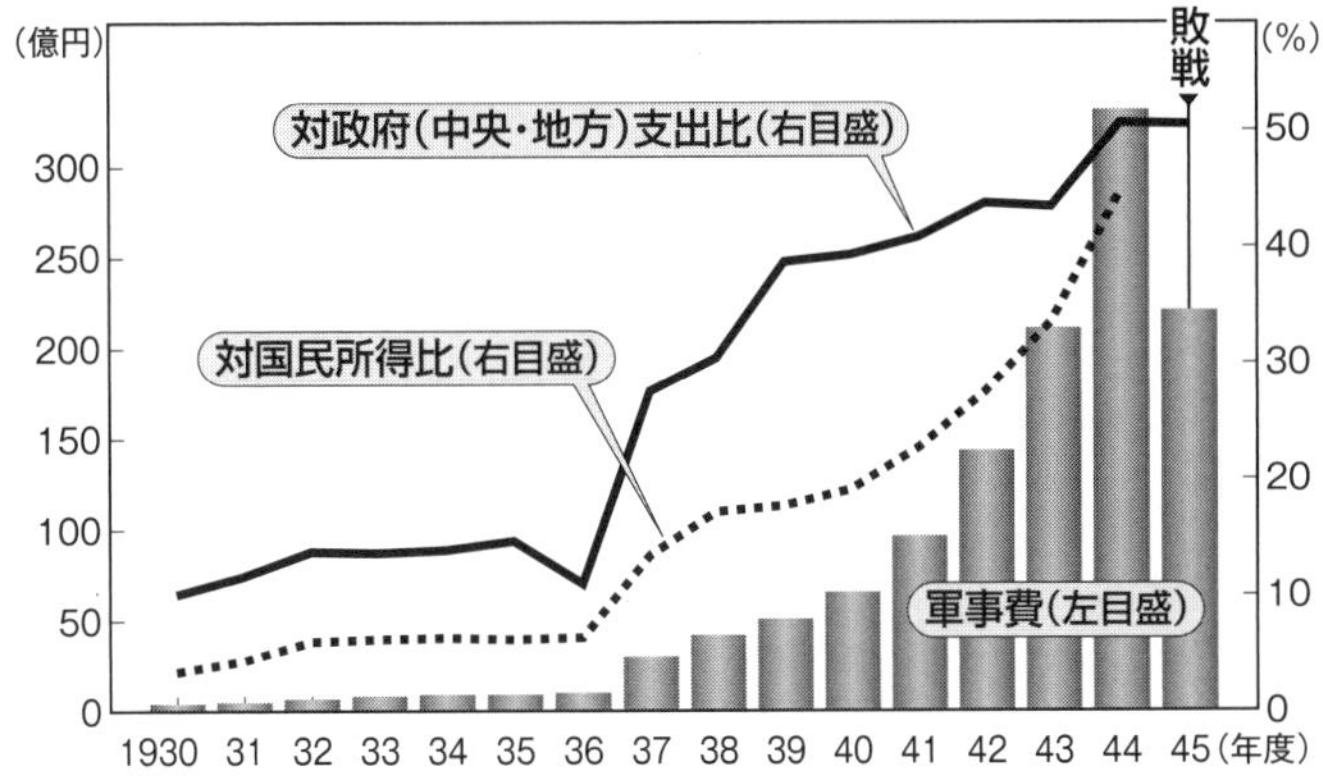

（出所）石井進ほか『詳説日本史　改訂版』山川出版社，2009 年，331 ページ．

出したように見えるかもしれませんが、実際には違いました。

戦争と恐慌の関係について、私の読み方は少し違います。恐慌によって、人々の**インセンティブが変わった**のではないでしょうか。軍部は、恐慌によって軍事行動を起こすことに理由を見出した。当時の国民も、これで停滞から脱出できると歓迎したわけです。

戦争は、ちょっと経済学の専門用語を使うと「内生変数」とも考えられる。地震や台風のように、経済システムの外部からやってくるもの（これを「外生変数」と言います）ではなく、経済の状況によって戦争の可能性が高くなったり低くなったりすると考えられます。

★14――猪木武徳『大学の反省』NTT出版、2009年、169ページ。

恐慌によって人々の政策選択の方向性が変化し、それが戦争へとつながっていく。当時の軍部、とくに石原莞爾[★15]などは、世論をずっと見ていました。そして、ここは好機だと思って乗り出して満州事変を起こしたのです。

勝間▼高橋是清が暗殺された後、金融財政政策はどれくらい変わるのですか。

若田部▼大きく変わりました。まず、国債の日銀引き受けが悪用されて、先ほどのグラフのように、軍事費が大きく増大します。1937年に日中戦争が拡大して、それに対して、高橋の後任の馬場鍈一蔵相は、ブランクチェック（署名はあるが金額未記入の小切手）を切ってしまう。もちろん2・26事件があったので、軍部に逆らったら自分の命が危ないということはあったでしょう。軍部は自分たちのやりたいことは何でもできますね。

❖――『男子の本懐』がつくり上げたイメージ

勝間▼こうしてお話をお聞きすると、『男子の本懐』で描かれているイメージとはだいぶ違いますね。

若田部▼最近、城山三郎がなぜこういう小説を書いたのか、だんだんとわかってきました。『男子の本懐』が書かれるまでは、浜口雄幸と井上準之助のやったことは**経済失政というのが常識**でした。井上準之助も非常に毀誉褒貶のある人で、あれは財界の手先だとか言われていました。私たちがいま持っている浜口・井上のイメージは、『男子の本懐』によってつくられたものなのです。

ではなぜ城山三郎はそういう小説を書いたのか。それはおそらく、城山三郎という作家の特質なのだと思います。彼の出世作は『鼠』です。第一次世界大戦が終わった後、鈴木商店という財閥が、投機的な商売によって潰れました。鈴木商店の番頭、金子直吉は、投機で会社を潰したけしからんやつだ、とされていましたが、城山三郎は『鼠』で、それは違うのだと金子を復権させたのです。

これが城山三郎の特質の1つです。つまり、**通説とされているイメージをひっくり返そうとする**。さらに彼の小説に共通しているのは、主人公は**志半ばにして挫折する**人物であるという点です。『鼠』も、広田弘毅[★16]をモデルにした小説『落日燃ゆ』も、『小説日本銀行』も、もちろん『男子の本懐』もそうです。じつは『官僚たちの夏』もそうですね。誤解している人も多いようですが、この小説は、産業政策をやろうとして失敗したという話です。

勝間▼浜口・井上という人物は、城山三郎が小説の題材にしやすかった、ということはわかりました。でも、何で金本位制への復帰を取り上げたのでしょうか。

若田部▼それは、城山三郎のもう1つの側面にかかわります。彼は、世論を読むのが非常に得

★15——**石原莞爾**：1889～1949。陸軍軍人。最終階級は陸軍中将。
★16——**広田弘毅**：1878～1948。外交官、政治家。1936～37年内閣総理大臣。

意でした。彼が『男子の本懐』を書いたのは1979年で、本になったのは80年です。まさに第二次石油ショックの後で、**財政再建路線**が強く打ち出される時期と重なります。大平正芳元首相が一般消費税を導入しようとして失敗したのはこの時代ですね。こういう時代背景があって、『男子の本懐』は、緊縮財政を支持し、インフレはいけないという論調になっているのではないでしょうか。

浜田▼若田部さんの解釈は、とても興味深いですね。

❖──フーヴァーは無能だったのか

勝間▼図5-1に戻りましょう。アメリカは、第3グループに入っていますね。

若田部▼はい。アメリカで不況が長引いたことが、世界大不況が長く続いたという印象を与えているようですね。

はじめに挙げた「大不況の誤解」は、主としてアメリカの不況についての誤解でした。1つ1つ、事実はどうだったのかを見てみましょう。

まず、**誤解①**「1929年10月ウォール街の株価暴落で始まった」。

すでにお話ししたように、株価暴落によってある日突然、大不況になったのではなく、それ以前のさまざまな動きの積み重ねの結果として、そこに至ったと見るべきです。

さらに、ウォール街の株価暴落以前の1929年8月には、アメリカの景気はピークを打って、下降に入り始めています。では株価暴落はなぜ起きたのか。それは、当時の株価上昇をバブルと見なしたＦＲＢが、バブル潰しを意図して金融を引き締めたからだという意見があります。

誤解②「フーヴァー大統領は無能だった。回復にはルーズベルト大統領が必要だった」。

フーヴァーは決して無能ではなかったと見てよいでしょう。財政赤字覚悟で財政支出をしたり、あるいは大企業の重役を集めて賃金維持を要請し、企業や銀行の支援策も行うなど、かなり適切な政策を打っていました。

しかしフーヴァーには、**最後の最後までできなかった**ことがありました。それが、**金本位制からの離脱**です。そして実際にそれを行ったルーズベルトが、歴史に名を残しました。

誤解③「ルーズベルトの行ったニューディール政策によって大不況から脱出した」。

実際には、ルーズベルトのニューディール政策で行われた**財政政策の効果は限定的**でした。さらに、ニューディール政策によって導入された市場の規制は、かえって回復を遅らせた、という評価もあります。一例として、１９３５年にワグナー法を制定し、労働組合の力を強くします。失業率が高いときに労働組合の力を強くすると、普通に考えればわかるように、雇用は減ります。ただし、これらの市場の規制に関する評価は、学者の間でも意見が分かれているようです。

大不況からの回復に効果があったのは、金融政策なのか財政政策なのかということについては、アメリカでも論争がありました。そのとき、「財政政策ではなくて金融政策だ」★17と結論づけた１人が、いまのアメリカの大統領経済諮問委員会委員長のクリスティーナ・ローマーです。さらに言うと、ケインジアンの間でも、大不況からの回復過程では、じつは財政政策は大した効果がなかったと言うことは合意事項なのです。

勝間▶金融政策のほうが効果があったということが、コンセンサスになっているのですね。

若田部▶ケインジアンは、「もっと財政政策をやればよかった」と言っています。ローマーの結論もそれで、だからオバマ政権での財政出動に賛成しています。しかし、実際に効果があったのは金融政策でした。

❖──戦争がなくとも回復は可能だった

若田部▶誤解④「為替切り下げ競争と関税引き上げ競争が大恐慌を激化させた」。

前章でも議論しましたが、金融緩和の結果として為替が切り下がるのは、じつは**望ましい**ことです。大不況から早々と回復したのは、金融緩和をともなう為替レートの切り下げを行った国でした。そして、各国が為替切り下げ競争を行ったとしても、世界経済はうまくいきこそすれ壊滅的にはならないというのが、最近の研究の結果であることは、すでに述べたとおりです。

しかし、金融緩和をせずに単に為替切り下げだけを行おうとしてもなかなかうまくいきません。そこがいまでも、人々にはよく理解されていません。

藤井裕久・前財務大臣もそうでしたね。藤井さんがなぜ円高容認的な発言をしたのかというと、彼は、大不況のときは為替切り下げ競争をしたから世界経済がめちゃくちゃになったのだ、と言っています。

勝間▼たしかに言いましたね。だから自分は、そんな為替切り下げ競争はしないんだ、と。私も覚えています。

若田部▼誤解⑤「完全に回復するには、1941年のパールハーバーを待たなければならなかった」。

このように見えてしまうのは、アメリカでは不況が長引いたからですね。1つ重要な点は、イギリスなど、**戦争がなくとも不況から脱出**した国もあるということです。ではなぜアメリカは長引いたのか。それは、途中で失策があったからでした。

勝間▼どんな失策ですか。

若田部▼今日で言う**「出口政策」の失敗**です。1936年にもう景気がよくなったと思って、財政と金融を引き締めて、総需要を小さくする政策をしたのです。専門家の意見では、金融引き締めの悪影響のほうが大きかったと言われています。これは当時から「ルーズベルト不況」という名前で呼ばれていました。いったん景気が上向いたものが、再び落ち込んだ。それが、大不況が長く続いたように見られる理由です。「戦争が起きるまで回復できなかった」というのは誤解

★17——**クリスティーナ・ローマー**：1958年生まれ。カリフォルニア大学バークレー校教授を経て、現在大統領経済諮問委員会（CEA）委員長。

です。
たとえば国会議員の先生方でも、大不況の話をすると、100年に1度の大不況並みの経済危機から脱出するには、戦争でもないといけないのではないかと思っている人がいます。それで、ここでお話ししたようなことを言うと、そんな必要はなかったのか、という感想をもらされます。

勝間▼アメリカでもそう思われているのですか。

若田部▼ありうると思います。それはやはり、歴史学と経済学の間には距離があるからです。**経済史の研究者**は、果たして**経済学者なのか、歴史家なのか**という問題があります。経済学者にとって歴史とはデータセットです。しかし、歴史家にとって歴史とは、おそらくデータセットではないのだと思います。

勝間▼お話をお聞きしていると、やはり政治史的な側面は非常に強いと思いました。どういう政治勢力がいて、それらの力関係がどうだったのかという政治状況によって、かなりの政策が決まってしまう。そのときに最適な経済政策は何かという議論よりも、政治的な要因で決まってしまいます。諸外国の状況を見れば、何をやればうまくいくかもわかっている、金本位制から離脱した国が好転していることもわかっている。にもかかわらず、容易にそれをできない状況があるわけですね。

若田部▼歴史というものが、伝統的に政治史という性格が強いことはたしかです。そもそも歴史を記述することの始まりは、王朝の年代記ですからね。

歴史を見るにあたって、政治的側面が重要なのはそのとおりですが、権力争いそのものが重要なのではありません。やはり、**どういう政策を決めるか**が重要なはずです。政治が動かなかったがために、こういう政策がとられてしまったとか、あるいは、政治が動いてこういう政策がとられた、というところまで踏み込むと、歴史がおもしろくなると思います。

❖——社会が分断されたフランス

勝間▼図5-1の第4グループには、フランスが入っていますね。

若田部▼フランスでは、デフレが長く続いたために、社会が分断され、**左右の対立が激化**します。1936年には人民戦線内閣が成立し、遅まきながら36年9月には平価切り下げを実施しました。ただ惜しむらくは遅すぎた。そしてその前にほかの政策をやっていたので、ネットの効果は減殺されて限定的になってしまった。ほかの政策とは**最低賃金引き上げ**や**週40時間労働**です。

先ほど、アメリカでは労働組合の力を強くしたために雇用が減ったというお話をしましたが、最低賃金の引き上げにも似たような効果があります。また週40時間労働は、効果は限定的だったという結論です。これらをせずに、平価切り下げだけやっていれば、もっとよかったかもしれませんが、結局は、あまりよくない結果となります。

同じ時期、ヨーロッパ情勢は**きな臭さ**を増していきます。ヒトラーが大軍備拡張をし始めて、ベルサイユ条約破棄などやりたい放題を始めます。そうすると、ドイツの労働者は残業に次ぐ残業で飛行機を生産しているのに、フランスは週40時間労働に縛られているという事態に陥ります。

勝間▼フランスのほうが不利だということですか。

若田部▼もちろんそうです。軍需品をたくさんつくろうというときに、残業手当を出すか出さないかという話をしているのですから。

ただ、私が心配しているのは、現在の日本が、大不況後のフランスのように、社会が分断される可能性です。デフレがだらだらと続いたために、左右の対立が激化していく。当時は、非常に暴力的な形でいろいろな事件が起きたわけです。あるエコノミストは、「いま日本は内戦状態にある。自殺者が多いのは内戦状態だ」と言っています。これはなかなかおもしろい洞察だと思いますね。

勝間▼最低賃金引き上げ、週40時間労働というのは、どこかで聞いたような話ですね。いまの民主党内閣は、当時のフランスの人民戦線内閣のようなものかもしれませんね。

❖——私たちは歴史から学んでいるのか

若田部▼さて、それでは**私たちは歴史から学んでいるのだろうか**、ということが問題となりますが、猪木武徳先生（国際日本文化研究センター所長）が『戦後世界経済史』という本に書かれている文章を紹介します。

「今回の金融危機に関する世界の政策責任者の発言や対応措置をメディアで追っていると、『経済学は過去80年の間に確実に進歩した』と改めて実感する。経済学は役に立たない学問だ、という荒っぽい考えがまかり通ってきたが、長いタイム・スパンで見ると、経済学も、人間社会に地味だが確かな貢献をしているのだということがわかる。★18」

これ最近、私は「我が意を得たり」とばかりに、いろんなところで引用しています。もちろん猪木さんは、経済にはまだわからないこともたくさんあると言っています。

浜田▼経済学者としての自戒も込めて言うと、私は「経済学が進歩した」とは、大手を振っては言えないようにも感じています。

若田部▼それこそ大不況の歴史に学ぶなど、「地味」かもしれませんが、**「着実」な貢献**はあると言ってよいのではないでしょうか。もちろん歴史は繰り返すわけではありませんが、いまのところアメリカは、第二次世界大戦以降、大不況の再来は防いでいます。

勝間▼改めて整理をしますと、今日、世界大不況、昭和恐慌と言われているものは、第一次世界大戦の後のバブル崩壊が背景としてあって、そのなかで各国が金本位制復帰というデフレ政策を採用したことによって各国は恐慌に突入した。日本では「昭和恐慌」と呼ばれていますね。

★18——猪木武徳『戦後世界経済史』中公新書、2009年、358ページ。

その後、金本位制から離脱するスピードに応じて景気の回復力が決まった。それは、金融緩和をできるか、できないかの差にあった。最後まで金本位制から離脱しなかった国ほど、ひどい目に遭うわけです。こうした理解で正しいでしょうか。

若田部▼そのとおりです。現代は金本位制ではありませんが、じつは金本位制と似たようなメカニズムがはたらく通貨制度があります。

勝間▼ヨーロッパの共通通貨、**ユーロ**ですね。

若田部▼はい。見方によっては、ユーロは、加盟国にとっては「現代版金本位制」です。ユーロ圏内では、金本位制の調整メカニズムと似たようなことが起きてしまいます。現在、ギリシャなど一部の加盟国で財政問題が深刻化しており、そうした問題がユーロの信認を傷つけると言われています。実際は、因果関係が逆であって、ユーロという通貨制度が、ギリシャに危機をもたらす一因となっているのです。

勝間▼そうだとすれば、ギリシャがユーロ圏から離脱してしまえば終わりです。でも、離脱すると全加盟国が離脱したいと言い出して、ユーロが消滅するかもしれないということですね。

若田部▼そこは、じつはむずかしい問題があります。

通貨統合以前、ギリシャでは「ドラクマ」という通貨が使われていました。もしギリシャがユーロから離脱して、「新ドラクマ」を使うとなると、かなりの「ドラクマ安・ユーロ高」になると予想されます。これまで発行したユーロ建て債券の実質価値が大きくふくれ上がってしまう可能性もあります。これは、金本位制への復帰のときの日本と同じですね。

それ以前に、現実問題としてギリシャは自分のところで通貨をつくるような物理的な設備があるかないかが問題です。ですから、ユーロ離脱という選択肢がいますぐ現実的かといったら、ちょっと違うと思います。しかし、**ユーロが問題の根本**であるということは、ギリシャの問題を理解する上で非常に重要です。

ギリシャは通貨統合したために、独自の金融政策がそもそも存在しません。自国の景気対策は財政だけでやるしかないわけです。**金融政策の自由**を確保することを優先するのか、**ユーロ建て債務の返済**を優先するのかという典型的な問題です。

ギリシャが厳しいトレードオフに直面しているのは事実です。でも、これはきりがないと言えばきりがない。両方の目的を同時に達成できないから、経済再建に特化すると見切るかどうかです。最終的には、ユーロから離脱するような形にならざるをえないのではないでしょうか。

❖――新平価四人組

浜田▶話は戻りますが、昭和恐慌について、もう1つ若田部さんにお聞きしたいのは、当時の経済論戦についてです。当時、浜口・井上の路線に抵抗した論説を書いていた石橋湛山[★19]は、独自

★19――**石橋湛山**：1884～1973。ジャーナリスト。東洋経済新報社主幹を務めた。

の立場を保つのはたいへんだったのではないかと思います。その辺は、どうご覧になりますか。

若田部▶少数派ですが、当時の実勢レートよりも円高の水準となる旧平価での金本位制への復帰に反対した人たちがいました。有名なのは**「新平価四人組」**です。石橋湛山、高橋亀吉[★20]、小汀利得[★21]、山崎靖純[★22]です。4人とも学界の経済学者ではありません。

もちろん学者でも、旧平価による金本位制への復帰はよろしくないと思っていた人がいましたが、言論界では圧倒的にこの4人が際立っていました。彼らがそういう主張ができた理由は、1つは**石橋湛山のオーガナイズの力**です。石橋湛山は東洋経済新報社の社主であり主筆ですから、自分の城を持っている。これは非常に強かったのです。さらに、この論争をきっかけにして『東洋経済新報』は大きく部数を伸ばしました。

新平価四人組は、この時期、地方を回って講演をしています。現代のようにメディアが発達していませんから、講演会で自分の主張を訴えたのです。ただ、どこまで大衆に届いたかというと、やや心もとないところもありますが、少なくとも高橋是清は、彼らのことをよく知っているし、彼らの理論を使っています。

浜口・井上が金本位制に復帰したとき、新平価四人組は「敗北」したわけですが、高橋是清は、慰労というわけではないでしょうが、彼らを呼んで食事をしたという話もあります。

石橋湛山のすごかったところは、そういうオーガナイズの力と、もう1つは、**たいへんな勉強家**であったことですね。海外の文献をよく読んでいました。

勝間▼ケインズの書いたものも読んでいたわけですか。

若田部▼もちろんです。彼は日記をつけていて、戦前のものはほとんど散逸していますが、読書日記だけは残っています。それを読むと、海外の経済学者が書いた本を原書で読んでいます。もちろんイギリスの『エコノミスト』も読んで、情勢をつかんでいました。

新平価四人組の強みは、海外の議論によく通じていたことです。海外の議論を見ていると、先に金本位制へ復帰した国がどうなっているかがよくわかります。

勝間▼だから、そうならないためにはどうしたらよいかという話を、自信をもって言えたわけですね。

若田部▼そうです。たとえば、旧平価で金本位制に復帰したイギリスが不況になっていることはわかる。金本位制は必ずしもよいものではない、考え直したほうがいいという議論ができます。しかもケインズや、アーヴィング・フィッシャー、グスタフ・カッセル★23、ラルフ・ホートリー★24と

★20――**高橋亀吉**：1891～1977。経済評論家。東洋経済新報社編集長を経て高橋経済研究所を設立。

★21――**小汀利得**：1889～1972。ジャーナリスト。中外商業新報社（現・日本経済新聞社）記者を経て、日本経済新聞社社長。

★22――**山崎靖純**：1894～1942。ジャーナリスト。読売新聞社経済部長を経て立命館大学教授。

★23――**グスタフ・カッセル**：1866～1945。スウェーデンの経済学者。

★24――**ラルフ・ホートリー**：1879～1971。イギリスの大蔵省に勤務したエコノミスト。

いった、世界の最先端の経済政策論争を吸収している。その意味では、破格に勉強したジャーナリストだったと思います。

浜田▼周囲がみな金本位制への復帰を支持するなかで、自説を主張し続けたのは本当に立派と思います。

❖青木一男の証言

浜田▼実際に、政策に与えた影響は、どうだったのでしょうね。

若田部▼参考になるのは、当時、井上準之助の秘書（大蔵省理財局国庫課長兼大蔵大臣官房秘書課長）をしていた、青木一男の証言です。[★25] 彼は後に大蔵事務次官になる人ですが、いろいろとおもしろいエピソードを紹介しています。

1つが、イギリスが金本位制から離脱した後のことです。青木が、「イギリスも離脱したから、ここで離脱しても誰も責任を問わないですよ」と言ったら、**井上準之助**が「君までそんなことを言うのか！」と**逆ギレ**したそうです。

その青木は、新平価四人組のような主張が政策へ与えた影響については、あまりなかったのではないかと言っています。

さらにおもしろい証言もしています。インタビュアーの質問も一緒に引用しましょう。

――昭和5年末から6年に入ってくると、不景気も深刻になってきましたね。

青木「そうですね。傾向としては産業界はそのような情勢だったけれども、しかし、当時の内閣としては解禁するとすれば、どうせ一度は通らなければならない関門だというようなな……。」

――つまり、井上さんは緊縮財政政策は崩す必要はないという考えだったわけですね。

青木「ええ、その点ははっきりしておりました。つまり政府の政策が浸透したという見方でしたね。」

――つまり、不景気についてはアメリカの恐慌の影響というより金本位制への復帰の効果というように……。

青木「むしろそんなふうにみておられたのじゃないですか。」

勝間▼「不景気は政府の政策が浸透した効果」って、これでは、ほとんど**国民に対する嫌がらせ**ですね。

浜田▼先にお話ししたように、これから1年間かけて、このインタビューのように、政策当局者、当事者の話を聞いて歩こうと思っています。

★25――安藤良雄編著『昭和経済史への証言』毎日新聞社、1965年、76～77ページ。

若田部▼それはいいですね。先ほどの証言も、こういう聞き取り調査があるから残っているわけです。証言を残すという作業は、本当に大切ですね。

第6章

デフレ脱却後、日本経済はこうなる

勝間▼ここまでの章で、デフレはなぜ問題なのか、デフレ脱却には何をすべきかについて論じてきました。戦前の大不況や昭和恐慌の事例からも、多くのことを学びました。

この章では、デフレ脱却後の日本経済はどのような姿になるのか、さらに残された課題は何かについてお話をお聞きしますが、その前にデフレ脱却には何が必要なのか、もう一度まとめてみましょう。

まずは、**インフレターゲット**の導入ですね。消費者物価指数（食料及びエネルギーを除く総合）上昇率で2％程度ですか。

若田部▼普通はそれくらいですね。2％プラスマイナス1％、だから1〜3％のレンジといったところでしょうか。もっとも第2章で触れたオリヴィエ・ブランシャールのように、平時では4％という高めの目標を提案している人もいます。

浜田▼私は、日本銀行が心を入れ換えて、きちんとした貨幣観に基づいた金融政策を運営してくれるのがいちばんよい、もしそうなれば、インフレターゲットでその時々の政策を縛る必要はないのではないか、と思っていました。

しかし、日本銀行はまったく心を入れ換える気配もないし、そもそも、そうするインセンティブもない。となると、日本銀行が正しい金融政策を行うように仕向けるインセンティブ・システムをつくらなければならない。その有力な手段が、インフレターゲットですね。それだけでなく、日銀法を改正して、FRBのように、物価の安定とともに雇用や成長の達成を日本銀行の目標とするという山本幸三議員の提案も有効と思います。

勝間▶目標を達成できなかった場合のペナルティは必要でしょうか。

若田部▶まずはイギリスのような形がいいと思います。**目標は政府が決める**。その目標は一定の範囲で定める。そしてその目標範囲からはずれたら、内閣総理大臣、あるいは財務大臣に対して、これからどうするかも含めて**書簡で説明**する。ニュージーランドのように、中央銀行総裁の行動をモニターして、目標達成に熱心でない総裁は解任するという仕組みも一案でしょう。

勝間▶貨幣量を増やす手段としては、日本銀行は、短期国債だけでなく、**多様な資産**を買い入れていく。

浜田▶短期国債や償還期限の近い長期国債の買いオペに限定していては、効果は小さい。先にも述べたように、ゼロ金利下では貨幣と短期国債の代替性が高いからです。買いオペの対象を長期国債や民間の債券にまで広げて、「広義の」金融緩和を行う。あるいは、「溝口介入」のように、財務省による円売り・ドル買い介入と、日本銀行による量的緩和を一緒に行う。これは事実上の「非不胎化介入」となり、円高とデフレを抑制します。

若田部▶「ゼロ金利下では貨幣と短期国債の代替性が高い」と言うと、「ゼロ金利下において貨幣と長期国債を入れ換えるオペは、短期国債と長期国債を入れ換えるオペと同じこと。これは民間保有の国債残高の満期構成を変えることであり、国債管理政策である。本来は財務省の仕事である」という主張をする人たちもいますね。

浜田▼単純に資産としての性格だけを考えれば「ほぼ代替的」ですが、流動性を考えると、貨幣と短期国債は「完全代替」ではありません。

貨幣は流動性を持ち、決済手段として使えるという点は重要です。簡単に言うと、コンビニエンスストアに短期国債を持って行っても何も買えませんが、貨幣なら買い物ができます。さらに、債券は貨幣と違って永久に利子がゼロになることはありませんから、その意味でも、じつは「完全代替」ではありません。

したがって、貨幣と短期国債を入れ換えるオペでも効果はあります。貨幣と長期国債のオペなら、より大きな効果が得られます。短期国債と長期国債を入れ換えても効果はあるかもしれませんが、貨幣と長期国債のオペに比べて非能率的です。

日本銀行に貨幣と長期国債を入れ換えるオペを求めず、財務省に民間保有の国債残高の満期構成を変えろというのは、デフレにいちばん効く薬がわかっているのに、お隣さんに行って効きの悪い薬をもらえと言うようなものです。リーマン・ショック後の諸外国の金融政策とその後の回復を見れば、前者の薬がよく効くことは明らかです。

❖――強力なリフレ政策

勝間▼たとえば、政府発行の国債を日本銀行が直接引き受けるという案もありますね。

若田部▼私が岩田規久男先生（学習院大学教授）とともに書いた提案は、それです。[★1]われわれの論文では**「第二次高橋金融財政政策」**と呼んで、昔やって成功したのだから、今回もやろうと。確実にデフレ不況から脱出できる手法です。

飯田泰之さん（駒澤大学准教授）は、リフレ政策を「モデレートなリフレ政策」、「標準的なリフレ政策」、「強力なリフレ政策」に分類しています。[★2]

モデレートなリフレ政策　ゼロ金利の解除条件を明確にし、その遵守のための法的措置を講じる。

標準的なリフレ政策　コミットメントに裏づけを与えるために量的緩和・為替介入を併用する。

強力なリフレ政策　貨幣発行益を直接家計・企業部門に注入したり（いわゆるヘリコプ

★1――岩田規久男・若田部昌澄「『高橋財政』に学び、大胆なリフレ政策を」『週刊東洋経済』２００９年６月13日号。

★2――飯田泰之ブログ「こら！たまには研究しろ!!」２０１０年２月28日（http://d.hatena.ne.jp/Yasuyuki-Iida/20100228）。

ター・マネー的な財政拡大）、為替レートを大幅な円安水準で時限的な固定相場制を設定したりする。

この分類でいけば、日銀法改正とインフレターゲットは、必要最低限のアイテムになるのでしょう。これには浜田先生も私も賛成です。また標準的なリフレ政策とされる量的緩和・為替介入も、この対談でずっと提唱してきたものなので、違和感はないです。

飯田さんの分類に基づくと、岩田先生と私の言うような国債の日銀引き受けは、強力なリフレ政策に入ります。高橋洋一さん（嘉悦大学教授、政策工房会長）が提案している**「政府通貨」**も、強力なリフレ政策の1つになります。

飯田さんは、標準的なリフレ政策までをまず実施してみて、強力なリフレ政策についてはその後考えてみるという態度ですね。ただ、飯田さんの分類とわれわれがちょっと違うのは、実際の政策実行に必要な**時間感覚**と**対応への切迫感**でしょうか。日銀法改正には国会の審議と議決が必要ですので時間がかかります。その意味では飯田さんが「モデレートなリフレ政策」ということのハードルは結構高い。岩田先生も私も、日銀法改正ができればいいけどそれでは間に合わないし、需要ギャップは巨大。だとしたら、何をすべきかという観点で提言しました。

国債の日銀引き受けは財政法で禁止されている、と誤解している人も多いのですが、財政法5条のただし書きには、「特別の事由がある場合において、国会の議決を経た金額の範囲内では、この限りでない」とあります。実際にもこのただし書きは運用されています。

勝間▼政府通貨は、日本銀行が発行する貨幣とどこが違うんですか。

若田部▼政府が実際に通貨を発行してしまうんです。つまり「日本銀行券」とは別に**「日本国券」**みたいなものが流通する。日本銀行が貨幣量を増やそうとしないんだから、**政府がお札を刷ってしまえ**、という感じですね。

勝間▼法律的に可能なんですか。

若田部▼法的根拠としては通貨法があります。日本銀行ができたのは1882（明治15）年。それよりも前に、紙幣が発行されているんです。1867（明治元）年から68年にかけて発行された太政官札がそれです。現在の通貨法（「通貨の単位及び貨幣の発行等に関する法律」）では第4条で「貨幣の製造及び発行の権能は、政府に属する」としています。硬貨はこの根拠に基づいて発行されています。だから硬貨には「日本銀行」ではなく「日本国」と書いてあります。

ただ、たしかに法的根拠はありますが、政府紙幣はいかんせん太政官札までさかのぼる必要があるくらい、前例がほとんどない。もっとも、高橋さんは、本当に二重三重に考えて政策メニューを提言される方なので、政府紙幣の話もそのうちの1つと押さえておくとよいでしょう。

浜田▼政府が公共事業をやりたいときに、国債を発行して、それを日本銀行が引き受ければ、政府が通貨を発行するのと同じことになるけれども、そのプロセスもとばしてしまう。

若田部▼そういうことです。公共事業の代金を「日本国券」で払ってしまうという感じですね。だから、政府通貨と日銀直接国債引き受けは、**ロジックとしては、じつは同じ**なんですね。双方とも、財政と金融の合わせ技と考えることもできるし、ゼロ金利下でさらに金融緩和をするときに財政を手段とした金融政策と考えてもよい。

勝間▼ただ、どうなんでしょうね。「日本銀行券」と「日本国券」があったとき、どちらが信頼されるんでしょうね。

若田部▼日本銀行と政府と、どちらが信頼されているか、という問題ですね。

日本銀行が、私たちは国債を買いまくったりはしませんと言って、それが世論から支持されるとすれば、それは、政府は信用されていないことの裏返しかもしれない。日本銀行が踏みとどまっているおかげで、たとえば財政破綻とか、ひどいことにはならないと思っている人もいるかもしれません。でも結局のところ、**政府と中央銀行は結びついている**というほかはありません。日本国が存在しないところで日本銀行券の価値があるというのは本末転倒な議論でしょう。

問題なのは、将来ひどいことが起こるかもしれないといって、いますでに起きているひどいことを放っておいていいのか、ということですね。日本銀行券の価値は、結局のところ、インフレ率を一定の水準にとどめられるかどうかになります。そのためにはこれまで良好な成果を示してきたインフレターゲットを用いるのが標準的でしょう。

また、こういう信用の議論になると、とたんに「かもしれない」といった定性的な議論になってしまうのは問題です。日本の需給ギャップが公式統計でも30兆円あるときに、それを大幅に上回る規模の通貨を発行すればともかく、そのギャップを埋める程度の支出で問題が起こるとは思えません。

❖――影の金融政策決定会合

勝間▼日本銀行の**ガバナンス**の問題もありますね。日本銀行総裁・副総裁や、政策委員会審議委員の選び方が現状でよいのか。

若田部▼1つには、FRB議長やイングランド銀行総裁と比べると、日本銀行総裁は、1期5年しか務めない例が多いですね。これはある意味、よくないインセンティブがあると思います。再選されたいからきちんとした金融政策運営をしよう、ということにはならないですね。

浜田▼ただ、明らかに間違った貨幣観を持った総裁が、2期10年も務めるとなると……。

若田部▼それはたしかに問題です。現在の日銀法でも総裁を罷免することはできますが、破産手続きとか、禁固以上の刑に処せられた場合とか、心身の故障とかその条件は非常に限られています。やはり、あまりにひどい金融政策運営を続ける場合には、**総裁をやめさせる**べきでしょう。そのとき金融政策の運営がひどいかどうかを知るにはやはり基準がいるでしょう。それがインフレターゲットというのが、いちばん簡単な理解です。

浜田▼現実問題としては、日本銀行のガバナンスの改革まで進むのはずいぶん先でしょう。インフレターゲットが導入されるだけでも、日本銀行にとってはたいへんなことですね。国民にとっては大きなプラスですが、日本銀行は、これまでの**思考、行動様式を大きく変えなければな**

らない。はげしく抵抗するのもわかる感じがします。

若田部▼そうですね。日本銀行はとにかく**ターゲットという表現は使いたくない**、という感じがしますね。だから、審議委員は「物価情勢の見通し」を公表していますが、これは「見通し」であって「目標」ではないという。再三にわたって記者に「これはインフレ目標ですか」と質問されていますが、「そうではない」と言い続けています。

勝間▼日本銀行の政策委員会とは別に、政府のなかに何らかの委員会が必要ではないかと考えたことがあるんですよ。金融政策も財政政策も含めて、デフレ対策を一元的にかじ取りするような……。

若田部▼経済財政諮問会議よりさらに強力なものというイメージですね。本当は、国家戦略室がもっと機能すれば、その役割を果たせますよね。

勝間▼もちろん、きちんと機能するなら、国家戦略室の下でもいいですよね。その「デフレ対策委員会（仮称）」に強力な権限を与えて、日本銀行の政策委員会は骨抜きにしてしまう。

浜田▼それを実現するのは、なかなかたいへんですが、たとえば私たちで月例政策決定会議のようなものをつくって、いま必要なデフレ脱却策をアピールしていくことも、有効かもしれませんね。

勝間▼勝手コミッティみたいなものも、十分ありえますね。

若田部▼**「影の金融政策決定会合」**というわけですね。アメリカでも、マネタリスト系の学者たちが、シャドーＯＭＣ（影の公開市場委員会）というのをやっていました。設立は１９７３年で、現在でも続いているようです。１９７０年代から80年代にかけては本家ＦＲＢの金融政策に対して、強烈にいろんな批判、提言をしていました。

浜田▼そういうものをつくって、アピールするだけでも、日本銀行には相当響くでしょうね。

❖――デフレ脱却の後に来るもの

勝間▼以上のような私たちが主張する金融政策が実行されて、デフレ脱却が実現すれば、日本経済は、長期にわたる停滞からようやく復活できますね。

若田部▼デフレ脱却で、すべてがバラ色の世界になるわけではないでしょう。それに、ほかの政策もきちんとやらなければなりません。けれども、いまよりはずいぶんとましな世界になるのではないかという気はします。

たとえば、**雇用情勢の改善**です。とくにいま、いちばんしわ寄せを受けている若年層の失業が減少するでしょう。いま起きていることは、まったくそらおそろしいことで、いつの時点で生まれるかで、生涯の年収が決まってしまうようなひどい状況です。これで若者に努力しなさい、希望を持て、リスクをとれ、と言ってもむなしいばかりです。若者が希望を持てる社会になることが大事です。そして、中年になった私などが大手を振って若者を鍛える（笑）。

傾向としては**賃金も上がっていく**でしょうね。１９７０年代の大インフレの時期ですら、名目賃金の上昇率はインフレ率を上回っていました。ということは、差し引きの実質賃金が上がっていたということです。そして、この実質賃金が明確に下がり始めるのは何といっても長期にわたるデフレの時代からです。

よく、インフレが起きると賃金がそのままで実質賃金は下がってしまう、という言い方をする人がいますし、一時的にはそういうことも起こらないとは言えませんが、ある程度のインフレの下では実質金利が下がって、企業も設備投資を行って事業を拡大していくので、めぐりめぐって賃金が上がっていくことになるでしょう。

勝間▶全体として賃金が上がっていくと、格差の問題も、解決の糸口がつかめますね。

若田部▶そのとおりです。賃金上昇に伴って、**所得分配**が変わるでしょう。

日本の所得格差についてはいろいろと論争もありましたが、大竹文雄さんの言う高齢化の進行による「みせかけの格差拡大」だけでなく、太田清さんの言うように、若年層での失業拡大、非正規雇用化によって実際にも所得格差が拡大しました。とくに日本で所得格差が上がったのは1998年から2002年にかけて、金融危機などがあり**失業率が急上昇**したときです。また、2009年度の『経済財政白書』が分析しているように、実感がなかった景気回復の時期（2002～07年）には、所得格差の拡大は止まり始めていました。

さらには、経済全体の成長も促進されるでしょう。景気が安定化しているほうが、生産資源の移動が円滑に進むので、産業構造の転換が容易になります。

勝間▼政府が音頭をとるまでもなく、**市場の力**によって、いわゆる**「構造改革」**が進んでいくということですね。

若田部▼そうです。それに株価が上昇するでしょうから、企業としても資金の融通がききやすくなりますし、新規企業の株式公開・上場もやりやすくなる。これは昭和恐慌からの回復のときも同じでした。全体として企業の**新陳代謝が加速**していきますので、競争政策を間違えなければ、技術革新が活発になることが期待できます。

地方経済も一息つくことができます。地方経済は、長期停滞期に大きな打撃を受けました。まず円高基調で製造業をはじめとする工場が海外に移転してしまったことが大きい。そこにきて公共事業の削減です。けれども、前回の景気回復で2003年あたりから円安傾向が続いたときには、海外に進出していた企業がまた日本に回帰するということが起きていました。ところがここで円高が進むと、再び日本から脱出してしまいます。日本がデフレから脱却するならば、地方経済も少し息をつくことができるでしょう。

また、いま財政赤字が問題になっていますが、名目成長率が上がれば、**財政再建**への道がようやく整います。専門用語で税収の弾性値というのがありまして、景気がよくなると税収は割合でみると少し多めに増えていきます。それから後は歳出をどうするかというところが問題になりますが、少なくとも、**デフレ下では財政再建は不可能**でしょう。

それと最後に、浜田先生も、不肖私も、いつまでもデフレばかりを論じなくてすみます（笑）。

勝間▼デフレからの脱却によって、バブル崩壊後の「失われた二十年」を取り戻して、普通の先進国並みの成長が期待できるようになるし、若者たちも、いまよりははるかに、将来に希望を抱けるようになります。

しかしそれで、日本経済の行く末に、何も問題はなくなるわけではありません。私が1つの大きな論点と思うのは、日本の**雇用システム**がどう変わるのかということです。

デフレと長期停滞から脱却しても、以前のような新卒一括採用と年功序列型人事制度を、これからも続けてよいのかどうか。私が最近、それを力説している理由は、年功序列型では、エリート間の**競争が阻害される**可能性が高いと危惧しているからです。官僚のキャリアシステムがまさにそれですね。

若田部▼その半面で、同期同士の競争は、非常に激しい。

勝間▼そうです。狭い世界でムダな競争に明け暮れます。

若田部▼霞が関の官庁に設置されている研究所から、大学に対して、年限付きの主任研究官になる人材を求めてくることがあります。そのとき、官庁側が相応しい人材の要件として「適当な年次」を挙げていたりする。われわれから見ると驚いてしまうわけです。

学者の世界では、年次も何もありません。ジョセフ・スティグリッツは、27歳で浜田先生のおられるイェール大学の正教授になっていますし、研究者のネットワークを考えると本当は若くて優秀な人のほうがいいのかもしれない。けれども、このポストに当てはめるには、この年代でないとだめだとか言われます。これはちょっと困りますね。

浜田▼日本が人口減少下で低成長に移行していく一方で、中国、インドといった新興国が急激に追い上げています。日本がアジアでいちばんの経済大国からランクダウンすることは、あまり気にしないという行き方もあるでしょう。たとえば、ドイツとフランスを比べて、ドイツのほうが経済的に豊かでGDPも大きいから、フランス人よりもドイツ人のほうが幸福だ、とは言えないでしょう。

その意味で、これから日本の経済規模が相対的に小さくなっていくときに、どこにニッチを見つけて、国民が生きがいある生活をしていくかを考えたほうが良い。経済力の規模を競う、ましてや「国の競争力ランキング」で一喜一憂する必要はない。

若田部▼私も「国の競争力ランキング」なるものは、あてにならないという考え方です。たしかに、ほかの国よりGDPが大きいか小さいかは、問題にすべきではないでしょうね。ただ問題なのは、実際に日本の**GDPが増えているかどうか**ですね。日本も例外なく、たいがいの場合、GDP成長率が高いほうが生活の満足度が高いのは事実です。その意味では、GDPで中国に抜かれたことが問題なのではなく、日本が**成長できていない**ことが問題です。

中国が成長し、日本も成長する。向こうは、キャッチアップしているわけですから、成長速度は速くて当然です。そこでどっちが勝ったとか負けたとかいう話ではないですよね。まず必要なのは、ほかの先進国のように、普通に成長する国になることだと思います。

❖―3つの輪がうまく回るように

勝間▼低成長はいろいろな問題を引き起こしますが、1つには、放っておくと、**既得権**を持った人たちにばかり富が分配されてしまいます。一方で新参者には分配されないという不平等が起こります。実際、日本ではずっと、こういうことが起きているわけです。

若田部▼やはり経済成長は大事ですね。経済全体が成長していれば、新しい産業が次々に登場してきて、既得権を持たない者でも、成功してお金持ちになれるチャンスもあります。残念ながら、長期停滞下の日本では、そうした社会・経済的な環境がきわめて少ない。唯一、東京だけは多少、可能だったにすぎません。

そうした経済構造が、デフレを抜け出した世界でどう変わっていくのか。産業の新陳代謝はもっと活発化するだろうし、みんなが新たなビジネスにチャレンジできる可能性も高くなります。

経済成長と**景気安定化**と**所得再分配**、この3つの輪がうまく回るのが、普通の国だと思います。日本の場合は、経済成長は低いし、景気は安定化していないし、所得再分配もうまくいってない。だから普通の国になっていくためには、まずは停滞からの脱出が必要です。それと経済成長によって、所得再分配もきちんとできるようになります。

勝間▼税制や社会保障を改革して、所得再分配をきちんとしようとしても、先立つものがなければならない。全体のパイが縮む状態では、しようがないわけですね。

若田部▼そうです。まずは停滞脱出、そして経済成長と再分配という**順番が問題**だと思います。先に再分配だけ手厚くすると、停滞からの脱出がままならないという罠に陥る可能性があります。前章で触れた、大不況後のフランスの人民戦線内閣が、まさにそれですね。

勝間▼いまの日本が、その罠に陥りつつあるかもしれませんね。

若田部▼民主党政権は再分配を起点にして、すべてを考えているフシがありますよね。それは、これまでの自民党政権、とくに小泉・竹中路線に対する一種の反動があって、それを世論がサポートしているという面もあります。２００９年12月30日に閣議決定された「新成長戦略」も軸足は再分配です。さらには、政府が特定産業を支援するという産業政策的な視点も入っています。

浜田▼普通は経済成長するから、再分配もできる。それが常識ですよね。

デフレ放任政策がとられている現状を前提とすると、社会的弱者のための温かい政治を行うことが期待されますが、それを最も**非効率**にやろうとしているのがいまの民主党政権です。お金持ちの子弟を含めて高校の授業料を全員に無償にしようというのが、その一例です。民主党には、ミクロ経済学も学んでもらわなければなりません。

分配の平等を実現するには、**全体のパイ**も大きくしなければなりません。国民からパイを奪うようなデフレ放任の金融政策が行われているなかで、分配の公正を求めるのは無理があります。

デフレは地方自治体の財政バランスにも悪影響を与え、住民に対する福祉活動も制約しています。

❖──日本のモデルは自分たちでつくるしかない

若田部▶先進国にもいろいろありますが、勝間さんは、かりに名目成長率4％程度の日本というのは、どんな感じになると思いますか。

勝間▶参考になるのは、**デンマーク・モデル**だと思います。北欧系の社会・経済モデルのほうが、講演会などでプレゼンしたときに、いちばん受けがいいですね。あるいは**フランス**のような中間型も関心が高いですね。多少は政府の保護があって、多少は競争もある社会は、日本人には受け入れられやすい。アメリカ型は受けが悪い。

ただ、いつも議論になるのは、フランスやイギリスは、なぜあんなにのんびりしているかということです。やはり彼らは旧宗主国で搾取した富があるから、それで生きているとも言われます。デンマークやスウェーデンがなぜあれほど再分配を手厚くできるかというと、人口が少ないからという議論があります。そういった国々と前提条件の違う日本が、再生シナリオを見出すのは、なかなかむずかしいですね。

若田部▶先ほど、経済成長と景気安定化と所得再分配の3つが重要と言いましたが、そのうち所得再分配は、国ごとに制度が多様です。私が考えるに、**国民の好み**がいちばん反映されるところだからでしょう。ほかの2つは、世界的に見ると割に1つの方向に収斂しやすいと思います。

景気安定化は、基本的にインフレターゲット・プラス・アルファですね。おそらく**インフレターゲットは必須アイテム**になっていくでしょう。スウェーデンもインフレターゲットを採用しています。ほかの先進諸国も、マイナーな部分で違いはあるものの、基本的にはインフレターゲットです。アメリカは例外ですが、あそこはこれまでの成果がよかったこともありますし、またこれまでの伝統があって、公式にインフレターゲットに踏み込むのは躊躇しています。けれども、だんだんとそういう方向に行くのではないですか。

そして経済成長のために何をするか。まさに北欧諸国はいいお手本です。できるところは徹底的に規制緩和を進める。つまり、産業政策ではなく**競争政策**です。結局のところ、**市場を生かす**しか長期的に成長率を上げる方法はないです。

勝間▼北欧の場合は、競争政策と社会福祉はセットですよね。

若田部▼そうです。北欧とは対照的に、高度競争社会だけど再分配の度合いは小さいというアメリカ型も、選択肢としてもちろんありえますが、アメリカ国民はそれをよしとしているから、そうなっていると見たほうがよいでしょう。

勝間▼アメリカでは、移民がどんどん入って来るので、所得再分配をあつくしてしまうと、移民にも再分配しなければいけなくなる。それでは財政が破綻してしまうので、再分配はしたくないのかな、という印象を持っています。

若田部▼もう1つは、アメリカの場合は、国民の**期待成長率が高い**のだと思います。アメリカ人は、現在は貧しくとも、自分が将来豊かになる可能性があると思ったら、再分配政策に反対します。自分が豊かになったとき税金をとられたくないからです。みんながアメリカン・ドリームみたいなものを持っているので、貧しい人たちが新自由主義を掲げたレーガン元大統領を支持するということが起きるのです。

浜田▶いま、アメリカで医療保険に入っていないのは、国民の15～20%くらいですね。80～85%の人は現状におおよそ満足している。書生っぽい理想論で、15～20%を救わないと先進国として恥ずかしいというのがオバマ大統領の立場です。私も、理想としては大賛成ですが、それをすると、大規模な所得移転をせざるをえない。そうすると、自分の所得や医療を含めた生活水準が下がると思う80～85%の人たちが、抵抗しているという構図ですね。

アメリカで医療費の請求書を見ると、本当にびっくりします。手術はもちろん、ＣＴスキャンのような検査1回でも、何千ドルも請求されます。私の経験では、カウンセラーでも診察でも、非常に時間をかけて、ていねいに診察してくれるという意味では、医療保険に入っている人の福祉は日本よりいいとは思います。しかし、医療保険に入れない人は、とても気の毒です。

勝間▶やはり、日本のモデルは、デンマークやフランス、あるいはアメリカなどを見ながら、**自分たちでつくっていく**しかないですね。しかし、いまの政治家たちは、誰もやっていない。そこが大きな敗因かなと思っています。

若田部▶非常におもしろいのは、スウェーデンは１９８０年代後半にバブルがあり、それがはじけて90年代の初めに経済が危機的状況に陥り、3年ほどマイナス成長を経験したことです。その後、変動相場制に移行して、不良債権処理と財政金融政策の緩和を徹底的にやって、見事に立ち直りました。こうして、「スウェーデン・モデル」は残ったと言ってよいでしょう。

これは、歴史の「イフ」ですが、もしバブル崩壊後、日本が似たような**短期集中治療**を行っていたら、日本はどういう国になっていたのでしょうね。私は、ひょっとしたら日本モデルと言われたものの根幹は残っていたかもしれないという気がします。

残念ながら、1990年代以降停滞が続いて、そんなことを考えている余裕もなかった。目の前のことに対応しているうちに、いつの間にかいびつな形になってしまったという感じですね。

そこから次の社会をめざすには、もう少し頭を冷やす必要があります。まずは停滞から脱出して、少し息をつく余裕を持って、それから本格的な議論をするしかないでしょうね。

浜田▼未来論は得意でありませんが、停滞脱出後の日本経済を展望してみると、いまのように労働力の成長が望めないという前提では、経済成長率は伸び悩むしかありません。中老の人たちが高齢者の世話をする一方で、あるいは高齢者の知恵や技能を中老の人たちが学ぶという、日本全体がカルチャーセンター化することにより、教える人も教わる人も生きがいを感じるという世界も予想されますが、やや希望のない話となります。

しかし日本は、高度成長期に蓄積した富、技術、そして人的資源など世界からうらやましがられるものをたくさん持っています。途上国でも、JICA等の活動を通じて、日本人の誠実な貢献を評価しているところも多いのです。中国、インドに追い上げられてはいても、日本が世界に貢献する、量だけでなく、質的な意味を含めて貢献する余地は残っていると思います。

しかし、以上は、日本の労働力が成長しないという前提の話です。アメリカの例に習って、**優秀な外国人労働力**を活用するようにしたらどうでしょう。これはとくに知的な産業ほど有効でしょう。

そうして国際的な競争にさらされるようになれば、日本の経済学部の大学教授も、国際水準のマクロ経済学や金融論を教えなければならなくなるでしょう。外国からの新しい力や、そして競争しなければならない若手の学者たちの力で、日本の経済学の水準も上がっていくでしょう。日本社会の活性化は、外国人労働者の活用にあると思います。

終章

これが「本当の経済学」だ！

勝間▼さて今回の特別講義も、いよいよ終わりに近づきました。ここで両先生に、私たちはなぜ経済問題について無関心ではいけないのか、一言ずつお話ししていただきたいと思います。まずは浜田先生、お願いします。

❖――経済学は役に立っているのか

浜田▼２００９年に、日本経済学会が設立75周年記念事業の一環として、学会員である経済学者と一般の人に対して経済学に関する意識調査を行いました。[★1]「今回の危機（２００８年の世界金融危機：引用者注）に向けた日本の政策対応に関して、あなたは既存の経済学の知見がどの程度貢献していると思いますか」という質問に対して「あまり貢献していない」、「まったく貢献していない」と答えた人は、経済学者では46・１％。それに対し一般の人の場合は、59・７％にのぼっています。

同じ調査で、「現在の日本銀行による金融政策について、どのようにお考えですか」という問いに対する学会員たちの解答は、「現行の金融緩和政策のままでよい」が34・８％、「出口戦略を考慮すべきである」が38・２％、「よりいっそうの金融緩和を実施すべき」は17・７％でした。

私も、日本経済学会の前身である「理論・計量経済学会」の会長を務めましたので、日本経済学会とは縁が深いのですが、まだデフレの真っ最中であり、デフレ脱却に全力を挙げるべきときに、現行の金融政策を支持、あるいは「出口」を心配する学会員を合わせると7割以上という結果には、驚くばかりです。あるアメリカの日本研究者も、たいへん不思議がっていました。「コーイチ、アメリカの経済学者にも同じ質問をしてみたら」と言っています。

アメリカで、大長老になった経済学者たちは、**大不況を経験している世代**です。そういう人たちは、経済学者として何を研究すべきかについて、つねに現実の社会問題と密着した議論をしていたと思います。ロバート・ルーカス以降の世代になると、経済モデルの数学的・統計学的なおもしろさとか、経済モデルの職人的な仕上がりを求めることが主流となりました。社会問題と密着した議論をする経済学者が、とくにアメリカ人では、少なくなっていきました（海外からアメリカに来ていた経済学者たちは多少事情が違うと思います）。

日本でも宇沢弘文先生、小宮隆太郎先生などの時代には、経済学者たちは何らかの**社会的な問題意識**をもって研究していました。しかしその次の世代、あるいは私よりも若い世代になると、社会的な問題意識というより、職を得るという意識で経済学者になった人も結構多いと思います。

先述のように、ケインズの『一般理論』が世に出た1936年から36年後の1972年に、

★1――「経済教室／『分配』とともに『成長』必要」『日本経済新聞』2009年10月16日。

ルーカスが「合理的期待形成」理論を打ち出しました。さらに36年後の２００８年は、リーマン・ショックに始まる世界金融危機です。

36年周期で、経済学も少し変わるだろうと思います。それは決してケインズ以前に戻ることではなく、何か新しい方向に向かうのでしょう。これだけの資産価格の急落、倒産や失業の増大ということが現実に起こったので、いつも需要と供給が均衡していることを前提とした、いままでの経済学が、変わらねばならないときです。

これを機会に、経済学者たちが、少しでも経済問題、社会問題を自分の問題として真剣に考えるようになればいいなと、心から願っています。あまり勝間さんのご質問への答えにはなっていないかもしれませんね。

❖――自分は何に追いかけられているのかがわかる

若田部▼猪木武徳先生（国際日本文化研究センター所長）が、20世紀になって**経済問題に関心のない経済学者**というものが登場した、という趣旨のことを書かれています。「経済学が制度化した」という言い方もされていますね。

経済学者には、現実の問題に対する関心に基づいて研究して、場合によっては何らかの政策につながる提言をする人もいますし、テクニカルな部分とか、原理原則を考えようとする人もいます。どちらが良いか悪いか、どちらが偉いか偉くないか、という話ではなく、学問ならば**どちら**

も必要です。

一般に、原理原則の研究もどこかで現実問題に応用されることも多いですよね。数学なんかはとくにそうです。素人目には、集合論なんていったい何のためにあるのかと思ってしまいますが、実際はコンピュータ科学の基礎を提供したり、私たちの生活のいろいろなところで役に立っている。形式論理学や分析哲学だって、ＡＩ（人工知能）などにさかんに応用されています。だから、どこかで役に立つことがあるわけで、学問というのはそれだけの重みを持たなければいけないと思います。

それでは、なぜ経済問題への関心が必要なのか。ここまでは経済学者についてお話ししましたが、一般の人たちに関してはどうでしょうか。

ライオンに追いかけられたら、シマウマは逃げます。これは、合理的かつ本能的な反応です。こういうときには、学問的な知識はあまり必要ないでしょう。じつは、一般の人たちが普通に暮らしている分には、世の中というものは、経済問題に関心を持たなくてもいいような仕組みになっているのです。

そのことを明らかにしたのが、じつは経済学なんですね。つまり、「見えざる手」という話です。みんなが自分のしたいようにやっていれば、**世の中全体として案外うまくいく**のが普通の姿だという話です。

しかし問題は、ときどき普通の姿でなくなることがあるのです。経済の運行がうまくいかなくなって、「見えざる手」に従っていると、みんな地獄に行ってしまう状況が出てくる。そのとき初めて、いま**自分たちが置かれている状況**を知る必要が出てくるわけです。現在の日本がまさにそうですね。

一般の人たちにとって、普段の生活から外に出たところ、半径1メートルの範囲から外の世界について考えるのは、じつはむずかしいのだと思います。でもいまは、みんなが自分たちの置かれている状況をある程度知って、半径1メートルより外の世界についても見えていないと、地獄に行ってしまうところから抜け出せない感じがします。周りの状況がわかると、自分たちを追いかけていたのはライオンなのか、それとも政府なのか、日本銀行なのかということがわかります。

ライオンでも天災でもなく、何らかの人為的なもののせいで地獄に行ってしまうのであれば、人智によってその**状況を改善する**ことができるはずです。誰かが何かを変えれば、そこから抜け出すことができる。そこが、経済問題に関心を持つべきいちばん重要な理由です。だから、何か異常があったときに関心を持つのが、いちばん正常な反応だという気がします。

❖「幸せ」になるために必要な学問

勝間▼今回の経済教室は、とっても充実していたと同時に、やっぱり経済学ってむずかしいなとも感じました。

じつは私、大学の学部課程と修士課程で経済学を学んだのですが、経済学もミクロもマクロも何も学んだことがない、ケインジアンもマネタリストも知らない人たちに、先生方のフレームワークをどう伝えればよいのか、とっても悩ましいですね。というよりも、**なぜ伝えなければいけない状況まで陥ってしまったのか**、と問うべきかもしれません。

本来であれば、自動車のシャーシの構造など、ユーザーは知らなくてもよいわけです。ところが、たまたま変なシャーシの自動車が、そこかしこで事故を起こしてしまう。自動車メーカーは誰も直してくれない。ユーザーたちは、「このシャーシがゆがんでいることに気づいてよ！」と悲鳴を上げていると、専門家の方が、シャーシはどうゆがんでいるか、事故が起きた原因は何なのか、工学的な説明をしている。私はそれに近い感覚を受けていました。

先生方が、本書を通じて繰り返し指摘されたように、日本銀行の人たち、政府の人たち、経済学者たちが、自分の効用を最大化するように動いたが、その結果として、日本経済は長期にわたるデフレからいつまでも抜け出せずに、国民全体の効用が大きく低下しています。残念ながら、ここでは「見えざる手」がはたらかなかったということでしょうか。

あるいは、日本銀行、政府、経済学者、さらには有権者をプレーヤーとした戦略ゲームと考えると、「デフレ脱却策が行われない」という状況が、ゲーム理論でいう「ナッシュ均衡」となってしまって、そこから動かないのかもしれません。しかし、それはあまりにも効用水準の低い均衡ですから、このゲームの仕組みそのものを大きく変えることが必要ですね。

経済学が何のために必要かというと、私は「効用」を「幸せ」と言い換えて、**自分たちが幸せ**

になるために必要な学問だと考えています。幸せになるために重要なポイントが2つあります。1つは、希少な資源をどのように配分すればよいかということ。もう1つはインセンティブですね。誰がどういうインセンティブで動くのかということです。

自動車なら、専門家でなくとも、どこにハンドルがあってどこにブレーキがあって、こんなデザインがいいなとか、何となくわかります。経済についても、一般の人がみんな経済学を学ぶ必要はありませんが、経済評論を読み聞きして、その真贋を判断できるくらいのリテラシーは持っているほうがいいと思います。**経済学というメガネ**を使って、自分たちの目で経済問題や社会問題、そしてそれらに関する評論を眺めてみれば、何がゆがんでいるのかについて理解ができると思います。

浜田▼学問が制度化されると、大ボス、小ボスがでてきて、流行に乗った論文でないと審査は通らず、学術雑誌にも掲載されにくいといったスタンダードが決まっていきます。こういうシステムは、学問全体の一定の質を保つためには非常に有効ですが、逆に、本当に**パラダイムを変えるような仕事は無視される**可能性があります。

たとえば、「情報の非対称性」の研究の嚆矢となったジョージ・アカロフ[★2]の有名な論文があります。通称「レモン市場論文[★3]」と言われていますが、はじめは審査を通らず、学術雑誌に掲載してもらえなかったそうですね。うわさによると10回も投稿しなければならなかったということです。アカロフは、この業績で2001年にノーベル経済学賞を受賞しました。

経済学の世界でも、スタンダードの枠のなかでの学術論文競争は当然ありますが、他方で、個性のある人がきちんと伸びていくことが妨げられてはいけません。両者は矛盾とまでは言いませんが、ある種の緊張関係があります。そのなかで、なおかつ経済学が全体として良い方向に進んでほしいわけです。これは悩ましい課題ですが。

❖——経済学者の「瑕疵責任」

浜田▼世の中には、何も訓練も受けずに、経済評論家と称する人が無数にいます。そのなかには、標準的な経済学から見ると間違った内容を大いに喧伝して、書いた本がベストセラーになる人もいます（勝間さんは正しい経済学を書いてベストセラーになっている点で大きな例外ですが）。もしかすると、**「悪貨が良貨を駆逐する」**ということかもしれませんが、そういう間違った言説が広く流布することによって、たとえば、デフレ政策が支持され続ける可能性もあるのですから、決して見過ごしにはできないのです。それでは、何らかの方法で、世の中に出回る経済評論の品質をコントロールできるかというと、それはなかなかむずかしい。

間違ったマクロ経済学や金融論が流布され、結果として日本がデフレから抜け出せなくなり、

★2——**ジョージ・アカロフ**：1940年生まれ。アメリカの経済学者。カリフォルニア大学バークレー校教授。
★3——Akerlof, George, "The Market for Lemons: Quality Uncertainty and the Market Mechanism," *Quarterly Journal of Economics* 84 (3), 1970.

不況や失業がもたらされているのであれば、そのような議論を流布している経済学者たちは、瑕《か》疵《し》責任を感じてほしいと思います。

経済学者たちが間違った議論を展開して、みんなに誤解を与えることを商売にしているようでは、経済学は役に立たないという批判を逃れられません。この間違った経済学のおかげで、若者たちが職に就けないということも起こっています。

私は、日本のデフレは貨幣不足が原因であることは明らかであると説いてきました。しかし、多くの経済学者仲間がわからない、あるいはわかろうとしない。先述の日本経済学会の意識調査でも、日本の経済学者やその卵たちの7割は、デフレに対する日本銀行の責任を見逃しているのです。アメリカの経済学者たちに同じ質問をすれば、まったく反対の結果になるでしょう。

そのようななかで勝間さんは、デフレの原因やその脱却策について、正しく認識しています。われわれの考えと90％合致していると言ってよいでしょう。なぜ勝間さんは、デフレがもたらすさまざまな弊害、そしてデフレ脱却のために何をすべきかという問題に、関心を持つようになったのですか。

勝間▶私がなぜデフレに関心を持つようになったかというと、デフレ下では、弱者が最も困窮することに気づいたからです。私は、自民党政権時代から男女共同参画とか少子化対策プロジェクトとか、そうした仕事に携わってきたのですが、その議論を通じて「いくら目の前にいる困った人を救う制度をつくっても、**困った人が次から次へと生まれてくるような世の中ではダメ**なんじゃないか？」ということに気づきました。

直接のきっかけになったのは、麻生政権下の２００９年3月に参加した**有識者会議**です。若年雇用の問題について話してくれということだったので、雇用の問題について、同じ会社のスタッフとともに集中的なリサーチと検討会をしました。そこでわかったことはデフレの問題が解決しないことには失業率が高止まりして、いくら若年雇用の対策として対症療法をとっても、新しい失業者がバンバン生まれてきてしまうことがわかりました。これでは、いつまでも**穴の開いたバケツで水をすくう**ようなことになりかねない。だから、麻生首相に対する提言のなかに、デフレ対策を入れることにしたんです。

若年雇用の問題だけでなく、男女共同参画の問題も、少子化の問題も、高齢化の問題も、そもそも雇用が安定しない状況では絶対に改善しません。デフレが続けば企業は、女性の待遇を改善しようともしないでしょうし、収入が安定せず、将来に不安があって、いまの生活に苦しんでいる人は、子どもを産まないでしょう。社会全体で高齢者を支えようといっても、デフレで世の中がどんどん疲弊していては若者の負担が増えるばかりで、いずれ立ち行かなくなるでしょう。まさに、**デフレ退治こそ、ボウリングの1番ピン**だと思ったのです。

❖――レイドラー先生の教え

浜田▼若田部さんは、ご専門は経済学説史ですが、専門分野にとどまらず、現代日本経済の問題、とくにデフレの問題について、たいへん積極的に発言されていますね。

若田部▼積極的な発言というほどでもありません。お恥ずかしいことに、私も昔は日本経済のことにそれほど関心が強かったわけではありません。ただ、偶然の積み重ねで、ちょっと日本経済のことを考えてみたら、いまに至ったという感じです。

そうした偶然の積み重ねについては、言い出すときりがありませんが、留学先で**デイヴィッド・レイドラー**教授に学んで、ミルトン・フリードマンやマネタリストに対する「偏見」がなくなったことは大きいです。

またレイドラー教授は、デイヴィッド・ヒュームから、ヘンリー・ソーントンを経て、クヌート・ヴィクセルに至る貨幣経済学の優れた伝統を、貨幣数量説を軸にして教えてくれました。レイドラー教授は、現在のマクロ経済学のあり方に非常に批判的ですが、それも**経済学には守るべき伝統がある**から、という考え方だからです。私も、次第に、自分が守りたいと考える経済学の伝統とは何かを意識するようになりました。

あと経済学説史の研究仲間に、野口旭さん（専修大学教授）、田中秀臣さん（上武大学教授）がおられたのも大きいです。このうち、最初は野口さん、そしてその次に田中さんが現実問題に発言され、そこから刺激を受けました。

そのつながりからきわめつけ、「伝説のエコノミスト」故・岡田靖さん（内閣府経済社会総合研究所主任研究官）と、その師匠である岩田規久男先生（学習院大学教授）と知己を得ました。

私がお話しした大不況、昭和恐慌についての国際比較研究についても、岡田さんや岩田先生から伺ったのが最初でした。

また岩田先生の『デフレの経済学』（東洋経済新報社、２００１年）には、素直に感動しました。今回再読してみて改めてすごいと思ったのは、ほとんどすべての論点が網羅されていることです。それから9年間、**政策の進歩はじつに遅い。**そうやって、いつの間にか現在に至るという感じでしょうか。

❖――これだけはおぼえておきたい

勝間▼正しい経済学を身につけて、間違った経済評論を見分けられるようになることは、とても大切だと思います。学問に王道なしですから、経済学の基礎を身につけるのは、一朝一夕ではできませんよね。

でも、せっかくここまで読み進めてきた読者のためにも、最後に、これだけはおぼえておきたい「経済学のカンドコロ」と、「間違った経済論議を見抜く方法」を教えていただけますか。

浜田▼わかりました。うまくいくかどうかわかりませんが、若田部さんにもご協力いただいて、ご説明しましょう。

■これが経済学のカンドコロだ

経済学の体系そのものを学ぶには、やはり定評あるテキストを通して読むのがいちばんよい。たとえば、以下のようなテキストである。

N・グレゴリー・マンキュー『マンキュー経済学　Ⅰ　ミクロ編／Ⅱ　マクロ編（ともに第2版）』東洋経済新報社。

ポール・クルーグマン／ロビン・ウェルス『クルーグマン　ミクロ経済学／マクロ経済学』東洋経済新報社。

八田達夫『ミクロ経済学　Ⅰ／Ⅱ』東洋経済新報社。

読み始めてみると、どれも結構おもしろいので続けられると思うが、何かと忙しい社会人の方は、テキストを通して読むのはむずかしいかもしれない。

そういう人向けに、「テキストの読み方」を少し指南してみたい。

まず序章だけは読んでみる。それから机の上か枕元に置いて、新聞の経済記事を読んだりして何か目にとまった言葉があれば（たとえば「中央銀行」とか「デフレ」とか）、その都度テキストの索引にあたって、その言葉の説明と、前後の記述を読んでみる。

また、興味がありそうなコラムを目次で拾うなり、あるいはパッと開いてみてちょっと読んでみるというのもありうる。右に挙げた教科書には数式はほとんど出てこないが、出てきたらとばしてもいい。最初のうちは、むずかしいと思うところは、マークをつけておいて、とばしてもいい。

それを繰り返していけば、そのうちテキストの中身が一通り、頭に入っているかもしれないし、あるいはどこかの時点で、通して読もうという気が起きるかもしれない。

いまから説明する「カンドコロ」は、右のようにテキストを読むときにも、読んだ後でも、いつでも頭に置いてほしい事柄である。意外にも、経済評論家や金融機関のエコノミストは言うに及ばず、大学の経済学部に籍を置く「経済学者」であっても、このカンドコロを忘れてしまう人がいる。ちまたにあふれる議論を読む場合にも、役に立つと思う。

① 身の回り（ミクロ）では正しいことでも、国全体（マクロ）で考えるとおかしくなることがある。ミクロとマクロを区別しよう。

コンビニのパンの値段がどう決まるのか、夏のボーナスはいくらかといった話はミクロの議論。これに対して、モノ全体の価格がどう決まるのか、国民全体の給料がどう決まるのかはマクロの議論。

それぞれについて、経済学では、ミクロ経済学、マクロ経済学という区別をする。自分の給料を上げるのに役立つのはミクロの議論、国民の給料を上げるのに役立つのはマクロの議論とも言える。だから「国のバランスシート（マクロ）を家計（ミクロ）にたとえると……」といった話には気をつけよう。

② 名目と実質を区別しよう。

私たちの暮らす経済はおカネ（貨幣）を用いる。日本では円というおカネを使っている。おカネの価値が上がることをデフレ、下がることをインフレと言う。

おカネの価値が変化すると、モノの値打ちも「実質」的に変化する。1個200円のグレープフルーツの値段が200円のまま値段が変わらなくても、デフレでおカネの価値が上がっているときには「実質」的には値上げしているに等しい。反対にインフレでおカネの価値が下がっているときは、値段が200円に据え置かれることとは「実質」的な値下げを意味している。

貨幣表示の値打ちを名目値、貨幣価値の変化を考慮した値打ちを実質値と言う。

「デフレでモノの値段が下がる」というのは「名目」に着目した議論。デフレによって人々が消費する財やサービスで測った生活水準がどうなるかに着目するのが、「実質」の議論にあたる。

③ フローとストックを区別しよう。

フローというのは、一定期間内に「流れる」経済活動の量。ストックというのは一定時点で「たまっている」経済量。たとえば、昨年1年間で新しく貯蓄した金額はフロー、これまでの合計貯蓄金額（残高）はストックとなる。毎年編成される国の予算はフロー、特別会計に山積みになっている埋蔵金はストックとなる。

④ 部分均衡と一般均衡を区別しよう。

現実は複雑なので、議論するときにすべてをいっぺんに考えることはできない。問題としていることを1つずつ取り上げ、「ほかの事情は一定とする」という仮定を設けてみる。限定された一部のことだけを取り出して考えてみるというのが、部分均衡的な発想法。それに対して、取り上げる事象が全体とどう関連しているのかを考えるのが一般均衡的な発想法。

たとえば、「デフレでモノの値段が下がるから、デフレはありがたい」というのは、「部分均衡」的な考え方と言える。他方、デフレによって経済全体にどのような影響があるかを考えるのが一般均衡的な考え方と言える。

また、モノに対する需要と供給だけを考えるのではなくて、おカネに対する需要と供給もあわせて考えるのが一般均衡的な考え方である。

⑤ 固定相場制と変動相場制を区別しよう。

昔の金本位制やブレトン・ウッズ体制のように、自国通貨と外国通貨の交換比率を一定に定めるのは固定相場制。戦後の日本も、ブレトン・ウッズ体制が最終的に崩壊する1973年までは固定相場制だった。いまの日本は、原則として変動相場制である。現在の中国のように米ドルに人民元を固定比率にしておく（ペッグする）ならば、中国は米ドルに対しては固定相場制をとっていると言える。

こうした違いは、普段は意識されないが、経済には大きな影響をもたらす。たとえば、国際間の資本の移動が自由で、なおかつ固定相場制の場合には、国内の金融政策で物価水準を動かすことはできない。大不況・昭和恐慌があれほどひどくなった原因は、この固定相場制によって金融政策の自由を失ったことにある。現在の日本のように変動相場制を採用している場合は、国内の金融政策で物価水準を動かすことができる。

⑥ 民間銀行と中央銀行を区別しよう。

民間銀行にとっておカネ（貨幣）は「資産」になる。それに対して中央銀行にとっておカネは「負債」になる。

それはなぜかと言うと、中央銀行には民間銀行にない「通貨発行権」があるから。中央銀行は発行したおカネをため込んでも仕方ない。基本的におカネは外に出ていくので、帳簿上は「負債」側に記載される。

「長期国債買い切り額を大幅に増やすのは不可能、日本銀行はそれほど巨額の資産を持っていない」と主張した人もいる。これは間違いであり、日本銀行が国債買い切りオペを大幅に増やしても、日本銀行のバランスシート上では、資産の国債が増えて負債のおカネ（貨幣）が増える、というだけのことである。

■間違った経済論議を見抜く方法

① 論理の筋道に飛躍がある。

「国債残高800兆円。これを買い支えるのは無理だ。外国人投資家が国債を売り浴びせると、日本の投資家もそれに追随し、金利が急騰し、ハイパーインフレが発生する」といった「風が吹けば桶屋が儲かる」のような論理の飛躍には要注意。

② 言っていることが矛盾している。

「日本銀行がいくらおカネを刷って配ってもインフレにならない」という主張は、「日本銀行が金融緩和をしすぎるとハイパーインフレが起きる」という主張と完全に矛盾する。これらの主張を同時に主張する論者は、自家撞着に陥っているが、論者にはそういう自覚がない。矛盾した主張を無自覚に繰り返す論者には要注意。

③ 政策の政治的・実務的困難を強調する。

まずファーストベストの政策を考えて、その後に、その政策が実現可能かどうかを考える、という手順をとるべき。ハナから「政治的困難」、「実務的困難」を持ち出す論者には要注意。

④ 政策の現状維持バイアス。

当局が現在行っている政策に対して無批判に「百点満点」などと言う論者には要注意。もちろん「ためにする」政策批判は慎重に避けるべきだが、「物価の安定を図ることを通じて国民経済の健全な発展に資すること」を「理念」としている政府機関（＝日本銀行）が、「国民経済の健全な発展」に失敗している以上、「百点満点」はありえない。安易な「お上性善説」には気をつけよう。

⑤ ビッグワードで語ろうとする。

「歴史の必然」、「歴史的転換点」、「現代は○○の時代」といった「スケールの大きなコトバ」を持ち出す論者には要注意。「『歴史の必然』、『歴史的転換点』という根拠は？」と問い質していくと、それらのコトバが、「空疎」であることが明らかになる。

同様に「グローバル化の影響」、「資本主義の終焉」というコトバを持ち出す論者にも、要注意。

⑥ 可能性の低いリスクを針小棒大に強調する。

「金融緩和をしすぎるとハイパーインフレが起きる。だから金融緩和はすべきではない」という議論が典型的。

⑦ 違う物差しを持ち出す。

「経済停滞からの脱出には何をすべきか」を議論しているときに、「経済的な豊かさだけが本当の豊かさなのか」と言い出す。

特別講義を終えて

上念　司

「ウソも100回言えば本当になってしまうとしたら、本当のことも100回言わないと人々には伝わらないのかもしれない」

勝間和代の共同パートナーという地位を活かして、浜田宏一先生の特別講義をともに受講した私は、最終日の最後の感想としてこのようなことを申し上げました。浜田先生は深く頷かれて、一瞬天を仰ぐような仕草をされ、「たしかに上念さんの言うとおりだね」と言ってくださいました。

1990年代後半にデフレの問題が顕在化してから10年以上の歳月が流れました。しかし、残念ながら「デフレの真の原因は日本銀行の誤った金融政策にあった」という本当のことは、いまだに人々に伝わっていません。その結果、政治家は金融政策を軽視し、日本銀行が暴走して無茶な引き締めを行い、結果的に10年以上デフレが続いています。人類史上稀に見る経済失政、大災害が現在進行形で続いているのです。

日本には、経済失政が人々の心を蝕み、やがて議会制民主主義への失望を通して国民を巻き込んだ無謀な賭けへと導いてしまった悲しい歴史があります。それは昭和恐慌から2・26事件を経て、真珠湾攻撃に至った道でした。昭和恐慌によって人々の心に深く刻まれたトラウマは、閉塞感の「根本解決」として「対米開戦やむなし」というギャンブルを求める「空気」を生みました。為政者はその声に背中を押される形で勝算なしの無謀な戦争を決断したのです。

私たちは絶対にこの歴史を繰り返してはいけません。

浜田先生には「経済失政によって犠牲になるのは弱者だ」という強い信念があります。だからこそご自身の先輩や教え子たちの多くと敵対してしまうかもしれない危険を冒しながら、今回の特別講義の書籍化を快諾していただけたと思います。それは、正しい経済学の知見に基づいてこの国を正しい方向に導くために、そしてデフレによって虐げられる弱者の問題を解決するために、経済学の知見（＝本当のこと）が人々に伝わるまで何度でも言っていこう、という強い決意表明でもあります。

今回の特別講義では、単なる経済学の理論の講義にとどまらず、経済学という学問は何のために存在しているのか、その知見をどのように使うべきかといった、きわめて倫理的な問題についても繰り返し言及しています。経済学とは単なる分析の道具ではありません。いまこそ私たちは

「経世済民」という「経済」学の本来の存在意義に立ち返って、その意味を問い直し、行動する必要があるのです。

この本を最後までお読みいただいたみなさん。今度はみなさんのターンです。私たちは議会制民主主義を通じてこの国を変えることができます。この本で得た知見を1人でも多くの人に伝えましょう。地元選出の国会議員に電話したり、メールしたりしましょう。国民一人ひとりの声が大きくなれば必ず政治は変わります。政治が変われば日本銀行に対するガバナンスの仕組みも変えられます。その日が来るまで、あきらめずに少しずつ、1日0・2%でいいので行動を続けていきましょう。みんなで「やれば」必ず「できる」！

（株式会社　監査と分析　取締役）

［追記］

折しもこの本の編集作業の真っ只中の2010年4月10日、日本の反デフレ運動のパイオニアでもある岡田靖さん（内閣府経済社会総合研究所主任研究官）が急逝されました。浜田先生が最も信頼していたエコノミストである岡田さんが、デフレ脱却の道半ばにして倒れてしまったことは、痛惜の念に堪えません。心より哀悼の意を表します。

《読書ガイド》

1　最初の一歩から

上念司『デフレと円高の何が「悪」か』光文社新書、2010年。

読者にいちばん近い目線からデフレ、円高の問題点を解説。


勝間和代・宮崎哲弥・飯田泰之『日本経済復活　一番かんたんな方法』光文社新書、2010年。

デフレがもたらす日本経済の問題を縦横に語る。


原田泰『日本はなぜ貧しい人が多いのか――「意外な事実」の経済学』新潮選書、2009年。

簡単なデータから意外な事実を明らかにしてきた著者の本領発揮。実証分析への興味をかきたてるのによい。


高橋洋一『この金融政策が日本経済を救う』光文社新書、2008年。

デフレからインフレターゲットまでわかりやすく説明する技には脱帽。

2　本格志向の人へ

岩田規久男『デフレの経済学』東洋経済新報社、2001年。

いまだに色褪せない、デフレの経済学決定版。

安達誠司『円の足枷――日本経済「完全復活」への道筋』東洋経済新報社、2007年。

為替レートを通じた政策についての最もまとまった考察。

3 日本銀行とは何だろうか

中原伸之『日銀はだれのものか』（聞き手・構成：藤井良広）中央公論新社、2006年。

1998年から2002年まで日本銀行政策委員会審議委員を務め、果敢にインフレターゲットを提唱した著者による日銀批判。

岩田規久男『日本銀行は信用できるか』講談社現代新書、2009年。

反デフレ論を主導してきた著者による日銀批判の総まとめ。

4 今回の経済危機から何を学ぶか

片岡剛士『日本の「失われた二〇年」――デフレを超える経済政策に向けて』藤原書店、2010年。

実証研究を丹念に整理し、今回の経済危機と1990年代以降の日本の経済危機を対比。

若田部昌澄『危機の経済政策――なぜ起きたのか、何を学ぶのか』日本評論社、2009年。

経済史、経済学、経済政策の三者の進化という視点から、大不況から現在の経済危機までを展望。

5 やはり構造改革だ、という人のために

竹森俊平『経済論戦は甦る』日経ビジネス人文庫、2007年。

2002年に初版が刊行されたときに清算主義という言葉を流行らせ、政策論議に大きな影響を及ぼした。

野口旭・田中秀臣『構造改革論の誤解』東洋経済新報社、2001年。

構造改革論を経済学的に理解する上での基本書。

6 歴史に学ぶ

岩田規久男編著『昭和恐慌の研究』東洋経済新報社、2004年。

デフレ不況としての昭和恐慌に学び、そこから現代への教訓を導く。

安達誠司『脱デフレの歴史分析――「政策レジーム」転換でたどる近代日本』藤原書店、2006年。

日本の近代史を国際通貨レジームの観点から読み解く刺激的な本。

竹森俊平『世界デフレは三度来る(上・下)』講談社BIZ、2006年。

19世紀末のデフレ、20世紀の大不況と日本の大停滞を対比した物語風の歴史書。

若田部昌澄『経済学者たちの闘い――エコノミックスの考古学』東洋経済新報社、2003年。

インフレ、デフレをはじめとして、経済学者たちが経済問題といかに格闘してきたかをたどる。

あとがき

浜田宏一先生と言えば、日本の、いや世界の経済学界では知らない人はいない、超一流の経済学者である。その先生とのささやかな交流が始まったのは、やはり日本のデフレをめぐる論争がきっかけである。

私が先生に最初にお会いしたのは、先生が内閣府経済社会総合研究所の初代所長の任期を終えてイェール大学に復帰され、そして日本に一時帰国されていたときだから、２００３年頃だったと思う。その後も、ささやかながら書いたものを私がお送りすると、ていねいな感想が送られてきて、かえって恐縮したりしていたものだった。

そうしたeメールでの交信のなかで、先生は世界経済危機のぼっ発した２００８年以降、次第にデフレ激化と日本銀行の無策について大いなる懸念と憤りを表明されるようになった。

ただ、２００９年の暮れごろから、当時の菅直人・副総理兼国家戦略室担当大臣によって政府がデフレ宣言をするようになり、正しい政策への方向が芽生えてきたことにも注目されていた。日本のマスコミの論調も変わってきたようで、その渦中に勝間和代さんの活躍があることにも気づかれていた。
デフレについての懸念を国民に訴えたい、ついては懸念を共有する勝間さんとぜひ語りたいと先生からお話があったのは、そうしたやりとりからだったように思う。本書にも出てくるように、浜田先生は勝間さんのご著書（『日本経済復活　一番かんたんな方法』光文社新書、２０１０年。宮崎哲弥さん・飯田泰之さんとの共著）で、デフレ不況から失業者が生まれ、社会の弱い立場にある人々が苦しめられることをずばりと問題にされていることに、いたく感銘を受けられていた。それこそが「経済」の原義である「経世済民」にほかならない。この意味での「経済学者」浜田先生の熱意がなければ、本書は誕生しなかっただろう。

いまさらながら、浜田先生や勝間さんと10時間近くに及ぶ座談会をさせていただいたことは、たいへんぜいたくな経験であった。経済学をそれなりに学んできた人間である私にとっても、大きな収穫があった。

デフレをめぐる経済理論は、１９６０年代から70年代のケインジアンとマネタリストの論争から、70年代の「合理的期待革命」を通じて、現在に至る経済学の合意が形成されてきたというように現在では理解する。そこで強調されるのは、むしろマネタリストに寄った形での「貨幣は重要である」という議論と、合理的期待に寄った形での「期待は重要である」という２つの命題だ。

これらのことを浜田先生も否定するわけではない。しかし、浜田先生の議論の基礎には、先生の恩師である故ジェームズ・トービン教授の強調したことが息づいていた。それは、世の中には貨幣や株式や債券といったさまざまな資産があり、それらが資産選択を通じてお互いに関連し合っているという見方、専門用語で言えば「資産の一般均衡理論」、「貨幣経済のワルラス法則」の視点である。

これをさらに経済全体の相互依存関係に拡張するならば、世の中には財やサービス、貨幣、そして貨幣以外の資産があり、それらがお互いに関連し合っていることになる。そういう世界では、人々が貨幣を保有したがるならば、財やサービスや貨幣以外のほかの資産に対する需要は減る。

ケインジアン・マネタリスト論争のころの記憶がまだ抜けない人が多いせいか、あるいはマネーの重要性を強調するためか、リフレーション政策の基礎はマネタリズムだ、という類の、率直に言って誤解に満ちた議論が、日本ではいまだにある。

しかし、浜田先生のお話からもわかるように、リフレーション政策の基礎はトービンのようなケインジアンからもやってくるのである。山の頂にのぼるのに登攀ルートは複数あっても、結局は同じところに行き着くのかもしれない。

また浜田先生は国際的な側面をつねに強調される。これは浜田先生の世界的業績を見ればうなずけるところだが、それだけではない。現実の経済は、貨幣を用いるだけではなく、外国と取引を行う開放経済でもある。金利がゼロになって貨幣と短期国債が完全代替に近い関係になるとしても、ほかにもさまざまな資産が経済には存在する。そういうものの1つが外債だ。さらに、金利がゼロになっても、為替レートはゼロにはならない。だから為替レートを目安として外債を日本銀行が購入するというやり方は、デフレ脱却手段として理にかなっている。

そして今回の「生徒役」、しかし主役の1人である勝間さんにも感謝したい。最年少19歳で公認会計士補の資格を取得し（当時の試験では経済学は必修）、大学院で経営学修士号を取得しておられる勝間さんが単なる「生徒」であるはずはない。実際、経済学者たちとの対話や著作を通じて、これまでにたいへんな勉強をしていることがわかる。

勝間さんの本領はその好奇心と、向上心である。勝間さんはこの特別講義の間にも学習を続け、最後は浜田先生が感心するまでに経済学的な直観力を向上させていった。勝間さんほどではないまでも、好奇心と向上心を持つならば、読者も経済学を学ぶことができる。

加えて、お2人の方に感謝したい。その1人、上念司さんは勝間さんのビジネス・パートナーであり、また反デフレ運動の精力的な闘士でもあり、『デフレと円高の何が「悪」か』（光文社新書、2010年）というご著書もある。もう1人、東洋経済新報社出版局の中山英貴さんは、岩田規久男先生や岡田靖さんらがかかわった多くの書籍を手がけた編集者である。お2人の熱意と事務処理能力がなければ、本書が世に出ることはなかっただろう。

また、座談会の編集・構成の労をとっていただいた金融記者の西村信夫さんにも感謝したい。

献辞にあるように、本書は２０１０年4月10日に急逝された岡田靖さん（内閣府経済社会総合研究所主任研究官）の思い出にささげられている。最初に岡田さんとお会いしたときのことはいまでも強烈に印象に残っている。野口旭さんと田中秀臣さんの共著書『構造改革論の誤解』（東洋経済新報社、２００１年）が出た後だから、２００１年の頃だ。

岡田さんは、アメリカのＳＦ小説家ロバート・Ａ・ハインラインの『宇宙の孤児』という古典的ＳＦの話をした。これは、１つの都市がすっぽりと入るような巨大恒星間宇宙船で反乱が起きて、船長とか航海士とかがいなくなり、操船技術すら忘れられてしまいながらも宇宙船は漂流しているという話である。ただ、科学が失われた暗黒時代のようなこの世界で、船長とか一等航海士とかの名前が本来の意味を失いながらも残っていて、その世界の為政者たちはそう呼ばれているという皮肉に満ちた設定だ。

小説では、自分の生きている世界が宇宙船だったことに気がついた主人公は、漂流をやめて再び宇宙船を操縦することを志す。この話に託して岡田さんは、「いまの日本はこの漂流する宇宙船のようなもので、首相とか日銀総裁とかいっても、本当は操船技術を知らない状態なのではないか」と訴えていた。

それからほぼ9年が経過し、岡田さんは、この時代の決着を見ずに逝かれてしまった。しかし、浜田先生が本書で「日本銀行は歌を忘れたカナリヤ」という表現を使ったように、岡田さんが問題にしたことは依然として生きている。私たちがいま必要としているのは、まっとうな操船技術をこの国に取り戻し、国の漂流を止めることである。本書がそのための1つのきっかけとなってくれることを願っている。

2010年6月

早稲田大学政治経済学術院　若田部　昌澄

主な著書に、『経済学者たちの闘い』（東洋経済新報社、2003年）、『昭和恐慌の研究』（共著、東洋経済新報社、2004年。日経・経済図書文化賞受賞）、『改革の経済学』（ダイヤモンド社、2005年）、『経済政策形成の研究』（共著、ナカニシヤ出版、2007年）、『危機の経済政策』（日本評論社、2009年。石橋湛山賞受賞）、『日本の危機管理力』（編著、PHP研究所、2009年）等。

勝間和代（かつま・かずよ）
経済評論家。1968年生まれ。早稲田大学ファイナンスMBA、慶應義塾大学商学部卒業。当時最年少の19歳で会計士補の資格を取得、大学在学中から監査法人に勤務。アーサー・アンダーセン、マッキンゼー、JPモルガンを経て独立。現在、株式会社監査と分析代表取締役、内閣府男女共同参画会議議員、中央大学ビジネススクール客員教授として活躍中。『ウォール・ストリート・ジャーナル』「世界の最も注目すべき女性50人」選出。エイボン女性大賞（史上最年少）。第1回ベストマザー賞（経済部門）。世界経済フォーラム（ダボス会議）Young Global Leader。主な著書に、『勝間式「利益の方程式」』（東洋経済新報社、2008年）、『断る力』（文春新書、2009年）、『会社に人生を預けるな』（光文社新書、2009年）、『勝間和代のお金の学校』（日本経済新聞出版社、2009年）、『目立つ力』（小学館101新書、2009年）、『やればできる』（ダイヤモンド社、2009年）、『チェンジメーカー』（講談社、2010年）、『自分をデフレ化しない方法』（文春新書、2010年）、『勝間和代のビジネス思考力養成セミナー【基礎力養成編】』（ディスカヴァー・トゥエンティワン、2010年）等。

著者紹介

浜田宏一（はまだ・こういち）
イェール大学名誉教授、内閣官房参与。1936年生まれ。東京大学法学部・経済学部卒業。イェール大学大学院経済学博士課程修了（Ph.D.）。東京大学助教授・教授等を経て現職。この間、マサチューセッツ工科大学客員研究員、ロンドン大学（LSE）客員講師、シカゴ大学客員教授等を歴任。2001～03年には内閣府経済社会総合研究所所長を務め、「良いデフレ論」を批判。1994～95年理論・計量経済学会（現・日本経済学会）会長。2003～04年法と経済学会初代会長。2006年瑞宝重光章受章。2009年度安倍フェロー（国際交流基金日米センター）。
主な著書に、『経済成長と国際資本移動』（東洋経済新報社、1967年。日経・経済図書文化賞受賞）、『損害賠償の経済分析』（東京大学出版会、1977年）、『金融政策と銀行行動』（共著、東洋経済新報社、1980年。エコノミスト賞受賞）、『国際金融の政治経済学』（創文社、1982年。英訳は*The Political Economy of International Monetary Interdependence*, MIT Press, 1985）、『マクロ経済学と日本経済』（共著、日本評論社、1984年）、『国際金融』（岩波書店、1996年）、『長期不況の理論と実証』（東洋経済新報社、2004年）、『論争　日本の経済危機』（共編、日本経済新聞社、2004年）等。随筆に『エール大学の書斎から』（NTT出版、1993年）等。

若田部昌澄（わかたべ・まさずみ）
早稲田大学政治経済学術院教授。1965年生まれ。早稲田大学政治経済学部経済学科卒業。早稲田大学大学院経済学研究科、トロント大学経済学大学院博士課程単位取得退学。早稲田大学政治経済学部助手・助教授等を経て現職。この間、ケンブリッジ大学客員研究員、ジョージ・メイスン大学客員研究員等を歴任。

JASRAC 出1006697-303

伝説の教授に学べ！ 本当の経済学がわかる本

2010年7月8日 第1刷発行
2013年2月21日 第3刷発行

著者 浜田宏一／若田部昌澄／勝間和代

発行者 山縣裕一郎
〒103-8345
発行所 東京都中央区日本橋本石町1-2-1 東洋経済新報社
電話 東洋経済コールセンター03(5605)7021
印刷・製本 東港出版印刷

Printed in Japan ISBN 978-4-492-39533-2 http://www.toyokeizai.net/